Hans Immler · Sabine Hofmeister

Natur als Grundlage und Ziel der Wirtschaft

Hans Immler · Sabine Hofmeister

Natur als Grundlage und Ziel der Wirtschaft

Grundzüge einer Ökonomie der Reproduktion

Westdeutscher Verlag

Die Deutsche Bibliothek – CIP-Einheitsaufnahme

Immler, Hans:
Natur als Grundlage und Ziel der Wirtschaft : Grundzüge einer
Ökonomie der Reproduktion / Hans Immler ; Sabine Hofmeister. –
Opladen : Westdt. Verl., 1998
  ISBN 978-3-531-13151-1   ISBN 978-3-322-90725-7 (eBook)
  DOI 10.1007/978-3-322-90725-7

Der Westdeutsche Verlag ist ein Unternehmen der Bertelsmann Fachinformation GmbH.

http://www.westdeutschervlg.de

Höchste inhaltliche und technische Qualität unserer Produkte ist unser Ziel. Bei der Produktion und Verbreitung unserer Bücher wollen wir die Umwelt schonen: Dieses Buch ist auf säurefreiem und chlorfrei gebleichtem Papier gedruckt. Die Einschweißfolie besteht aus Polyäthylen und damit aus organischen Grundstoffen, die weder bei der Herstellung noch bei der Verbrennung Schadstoffe freisetzen.

Umschlagbild: Sabine Hofmeister
Umschlaggestaltung: Horst Dieter Bürkle, Darmstadt

ISBN 978-3-531-13151-1

Inhalt

1 Im Begriff der Reproduktion sind Natur und Wirtschaft miteinander verbunden

1.1 Natur

Natur ist Produktivität und Produkt. Von ihr geht alles aus und zu ihr führt alles. Man muß zuerst von Natur etwas wissen, wenn man von Wirtschaft etwas verstehen will. Alles Wirtschaften, das sich der Natur nicht bewußt ist, führt in die Irre.

Natur ist Produktivität. Nur dadurch kommen Prozeß, Bewegung und Entwicklung zustande. Die zentrale Naturproduktivität ist der Evolutionsprozeß selbst. Die Evolution zum Menschen ist Ausdruck dieser Produktivität. Mit dem Menschen beginnt die Fähigkeit, Produktivität und Produkt der Natur zu reflektieren und sich ihrer bewußt zu machen. Mit der Möglichkeit der Menschen, sich der Natur und sich selbst bewußt zu werden, ist die Grundlage für bewußtes Handeln und Verändern der Natur durch die Menschen geschaffen. Jetzt erst wird Wirtschaft möglich.

Natur ist auch Produkt. Naturprodukt ist bestimmte, für einen Moment festgehaltene Naturproduktivität. Naturprodukte sind bewußt und unbewußt hergestellte Zustände und Qualitäten der Naturproduktivität. Damit wird aber auch klar, daß jedes Produkt Ausdruck von Naturqualität und Naturproduktivität ihrerseits Ausdruck aller Produkte darstellt. Naturprodukt und Naturproduktivität ist Gegensatz und Einheit.

1.2 Wirtschaft

Wirtschaften (oikonomia) ist der bewußte und zielgerichtete Umgang mit der Natur als Produktivität und als Produkt. "Wirtschaft" wird zur besonderen menschlichen Fähigkeit, weil sie ex definitione "bewußter" Naturumgang bedeutet, das heißt der menschlichen Gestaltung der Natur steht eine Freiheit zur Verfügung, Zwecke und Ziele bei der Nutzung der Natur als Produktivität und als Produkt zu verfolgen. Damit wird aber Wirtschaft zur wirklichen und praktischen Verbindung von Mensch und Natur.

Für die Menschen und die menschlichen Gesellschaften besteht absolute Notwendigkeit zum Wirtschaften. Die Menschen sind nicht nur in evolutionsgeschichtlicher Betrachtung Produkte der Natur, sondern sie sind es auch in jedem Augenblick ihres Lebens. Jede Sekunde des Lebens ist ein Beweis für die elementare Verbindung der menschlichen Natur mit dem ganzen Evolutionszusammenhang. Die Menschen unterscheiden sich dadurch von den Tieren, daß sie über biotische und instinktive Abhängigkeiten und Programme hinaus die Form der Interaktion zwischen Mensch und äußerer Natur bewußt gestalten können. Die Gestaltung der Natur als Produkt und Produktivität ist daher dem menschlichen Sein wesentlich. Damit gehört auch das Wirtschaften (mit der Natur) zum Wesen der Menschen.

Die Menschen und ihre Gesellschaften haben auch die Fähigkeit zum Wirtschaften. Diese Fähigkeit gibt der menschlichen Art innerhalb der Evolution eine ganz besondere Stellung. Sie sind die einzigen Wesen, die bewußt wirtschaften können.

Das bedeutet, daß sie durch ihre Ökonomie sowohl auf Naturprodukt als auch auf Naturproduktivität Einfluß nehmen können. Wirtschaften wird dadurch zur doppelten Naturgestaltung. Erstens organisieren sich die menschlichen Gesellschaften ihre Produktion durch systematische Aneignung und Formung der "Naturprodukte". Das Naturprodukt wird zum humanisierten Lebensmittel. Zweitens nehmen die Menschen durch ihre Ökonomie auf die Naturproduktivität, das heißt auf die Bewegung des Evolutionsprozesses in allen seinen Gestalten und Gestaltungen Einfluß. Das heißt nichts anderes, als daß die Menschen durch ihre Wirtschaft ihre innere und äußere Natur "machen", also formen und herstellen. Über diesen "Strang" ihrer wirtschaftlichen Tätigkeit erlangen die Menschen eine Subjektivität über den Naturprozeß. Die menschlichen Individuen und Gesellschaften können durch ihr wirtschaftliches Handeln "ihrer" Natur ein bestimmtes Gesicht geben, können die Evolution gestalten und somit deren zukünftige Produktivität mitbestimmen. Für die Existenz der Menschen wird dies von überragender Bedeutung, weil durch die Fähigkeit, die Naturproduktivität zu gestalten, zwingend mitentschieden wird, wie das Leben der Menschen jetzt ist und in Zukunft aussehen wird.

Wirtschaft erhält für die Menschen eine elementare Bedeutung. Gerät die Fähigkeit zum Wirtschaften zur gekonnten Aneignung der Natur als Produkt und zur geglückten Gestaltung der Natur als Produktivität, dann erbringt die menschliche Gesellschaft einen großartigen Beweis ihrer berechtigten Existenz in der Evolution, und sie ermöglicht jedem einzelnen menschlichen Individuum zumindest die Chance auf ein humanes Leben. Gerät diese gespaltene Fähigkeit aber zum Konflikt mit der Natur, wachsen die Gefahren bis hin zur Evolutionskrise der Menschheit.

Die Menschen und ihre Gesellschaften besitzen auch die Unfähigkeit zum Wirtschaften. Die Unfähigkeit zum Wirtschaften ist eine logisch-historische Folge der menschlichen Fähigkeit zum bewußten Gestalten der Natur, ist also ein Ausdruck des falschen Gebrauchs ihrer Freiheit. Mit den Menschen hat die Evolution ein Produkt hervorgebracht, dem sie die Handlungs- und Entscheidungsfreiheit übertragen hat, sich seiner selbst bewußt zu werden und sich danach seine Lebenswelt einzurichten. Die Menschen verfügen damit als Produkte der Natur über die Kraft, die Produktivität der Natur nach ihrem Willen zu beeinflussen. Dies ist eine wunderbare Chance und eine grauenvolle Gefahr. Die wunderbare Chance besteht darin, daß die menschlichste aller Qualitäten, das bewußte Denken und Handeln, eingesetzt werden kann, um gleichermaßen das individuelle Leben zu verschönern und die Stellung der menschlichen Art im Naturprozeß zu stabilisieren. Der Weg dazu besteht eindeutig darin, die Wechselwirkung zwischen Naturproduktivität und Naturprodukt praktisch so zu organisieren, daß die Einheit zwischen Widerspruch und Einheit im Verhältnis dieser beiden Grundkategorien auf keinen Fall verlorengeht. Die Natur kann ihre Produkte und ihre Wohnstätten nur dann den Menschen zuverlässig anbieten, wenn die ökonomisch-gesellschaftliche Gestaltung der Naturproduktivität durch die Menschen absolut nach den Existenz- und Funktionskriterien der ökosystemaren Zusammenhänge verläuft. Wenn sich die menschlichen Gesellschaften die Naturprodukte zum Zweck einer verbesserten Wirtschaftsweise gesteigert aneignen wollen, dann um Himmels Willen nicht ohne gleichzeitig und gleichrangig alles und alles und alles zu tun, die Naturproduktivität als partnerschaftliche Subjektivität anzuerkennen. Jeder Nutzen der Natur ist ein Herstellen der Natur. Jedes verbrauchte Naturprodukt ist erzeugte Naturproduktivität. Jede ökonomische Handlung verdoppelt sich in eine gleichzeitige Gestaltung von Naturprodukt und Naturproduktivität. Die geforderte Einheit im Widerspruch zwischen beiden hat die gesellschaftliche Wirtschaftsweise herzustellen. Wenn ihr das gelingt, leistet sie Mensch und Natur einen unglaublichen Dienst, weil sie die evolutionären Möglichkeiten der menschlichen Gesellschaften mit den Naturbedingungen des Lebens in Einklang zu bringen versteht. Das Urgleichgewicht zwischen Mensch und Natur wird durch eine solche Wirtschaftsweise hergestellt. Wenn ihr das aber nicht gelingt beziehungsweise wenn sie es gar nicht versucht, dann setzt sich Schritt für Schritt der Widerspruch zwischen Naturprodukt und Naturproduktivität durch, und menschliche Individuen wie menschliche Gesellschaften werden durch die aggressiven Kräfte dieses Widerspruchs regelrecht zermalmt. Wenn es für eine Wirtschaftsweise auf dieser Erde überhaupt ein erstes und fundamentales Gebot gibt, dem sich alles andere bedingungslos unterzuordnen hat, dann ist es die praktisch hergestellte Balance zwischen Naturprodukt und Naturproduktivität.

Die industrielle Wirtschaftsweise hat das Problem zu lösen, daß sie die totale Aneignung des Naturprodukts mit extremer Effizienz vorangetrieben, aber die Naturproduktivität, das heißt die Eingebundenheit der Menschen mit ihrer Wirtschaft in das Naturganze, vollkommen aus ihrem Bewußtsein ausgeschaltet hat. Das Resultat ist, das muß man aus den empirischen Signalen wohl eindeutig schließen, der Verlust der Balance von Naturprodukt und Naturproduktivität. Dies ist wohl das schlimmste Ungleichgewicht, das einer Wirtschaftsweise passieren kann.

1.3 Evolutive Reproduktion

Die Einheit von Gegensatz und Einheit von Naturprodukt und Naturproduktivität ist im Begriff der Reproduktion angelegt. Der Naturprozeß, auch der menschlich-gesellschaftliche Naturprozeß als Prozeß der Zivilisation, basiert auf evolutiver Reproduktion.

Evolutive Reproduktion ist etwas anderes als identische Reproduktion. Identische Reproduktion meint die Herstellung eines identischen Zustands nach einer bestimmten Zeit. Identische Reproduktion allein kann es im realen Naturprozeß nicht geben, weil sich durch die Irreversibilität der Zeit mit all ihren Folgen, identische Reproduktion und Evolution ausschließen. Identische Reproduktion wäre der vollständige Stillstand eines Prozesses, was in sich einen Widerspruch darstellt. Der Naturprozeß bedarf zwingend der Reproduktion, aber ergänzt mit dem auto-poietischen Prinzip. Das besagt, daß im realen Naturprozeß jeder Reproduktions-schritt nicht logisch, sondern physikalisch abläuft, das heißt in Verbindung mit ei-ner konstruktiven Irreversibilität. Jede Reproduktion ist zugleich Autopoiesis, das heißt Schöpfung aus sich selbst heraus, intrinsische Produktivität. Dadurch kann der Naturprozeß überhaupt erst eine materiell geschichtliche Bewegung hervor-bringen, kann in das produzierende Wechselspiel von Naturprodukt und Naturpro-duktivität eintreten. Evolutive Reproduktion bedeutet also die Zusammenführung von identischer Reproduktion und Autopoiesis. Auf dem Prinzip der evolutiven Reproduktion beruht das Wechselspiel, daß Naturproduktivität Naturprodukt und Naturprodukt Naturproduktivität hervorbringt. Evolutive Reproduktion wird zur differenzierenden und einenden Kraft des Naturprozesses. Sie ist die Ursache für Vielfalt und Einheit der Materie, für die Entstehung des Lebens, für die Biodiversi-tät, für das "Produkt Mensch" und für alle menschliche Produktivität.

Nun dürfte deutlich geworden sein, daß eigentlich der Begriff der Reproduktion im Mittelpunkt jeder Wirtschaftsweise stehen müßte, weil er der Wirtschaft und den Wirtschaftssubjekten ihren Platz und ihre Aufgabe innerhalb des ganzen Na-turprozesses - auch als Zivilisationsprozeß verstanden - zuweist. Alle Metamor-phosen der Materie, als anorganisches oder organisches Material, als biotische Struktur, als Gut oder Nützlichkeit, als Lebensmittel oder als das Leben selbst, die Einheit dieser Vielfalt ist nun über den Begriff der evolutiven Reproduktion her-stellbar. Die evolutiv verstandene Reproduktion erlaubt nicht nur einen Blick in die tiefe Vergangenheit der menschlichen Gesellschaften, sie ermöglicht auch eine scharfe Analyse der industriellen Wirtschaftsweise und ihrem geradezu wahnwitzi-gen Vergehen am Naturprozeß, und sie zeigt auch, bei aller Vorsicht, wenigstens skizzenhaft die Struktur eines Auswegs.

Ohne die Kategorie der Reproduktion müssen alle ökonomischen Begriffe, Werte und Entscheidungen wie Fatamorganen zu einem Scheindasein verurteilt sein, weil ihnen die materielle Substanz abgeht, die dem Wirtschaftsprozeß erst

10

seinen eigentlichen Sinn gibt. Ob man von Produktion, Konsumtion, Wert, Geld, Zins oder Einkommen spricht, all diese Begriffe der Ökonomie und alles, was sie zu vertreten versuchen, erscheint als beliebig, wenn sie nicht an das Fundament gebunden sind, welches das ganze Gebäude zu tragen hat. Dieses Fundament stellt die evolutive Reproduktion dar. Ihre innere Struktur und ihre funktionalen Bestandteile sind im Reproduktionsring beschrieben.

2 Naturproduktivität und Wirtschaftsprozeß

Es erscheint bemerkenswert, daß die wissenschaftliche Ökonomie sich enorm viele Gedanken macht über Preise, Kosten, Zuwachsraten oder Verteilungsaspekte der Einkommen, aber im Grunde sich äußerst wenig um die Frage der eigentlichen Quellen von Wertschöpfung und Wertproduktion kümmert. Dies gilt umso mehr, als doch offensichtlich ist, daß jeder Geldwert, der neu in der Volkswirtschaft entsteht, aus physisch-qualitativen Nutzen und Gebrauchswerten resultiert. Die Quellen der Geldwerte müssen daher in der physischen Sphäre, im weitesten Sinn also aus der produzierenden Natursphäre, begründet sein. Es gilt daher, den Zusammenhang von Naturproduktivität und Wirtschaftsprozeß zu betrachten.

2.1 Naturproduktivität

Wir wissen nicht, was Naturproduktivität ist. Wir werden es mit Gewißheit nie wissen. Die ökologische Natur ist auf die vielfältigste Weise wirksam, und wir verstehen nicht, wie. Denn unser Verstand eröffnet uns nur, was ihm eigen ist. Er weiß nichts von der Natur, wie sie ist. Er weiß nur, was sie uns ist.

Was aber ist uns Naturproduktivität?

Zuerst ist Naturproduktivität die Kraft, die uns hervorgebracht hat. Sie ist die Ursache und die Quelle unseres physischen Daseins. Als Produkt der Natur sind wir Teil ihrer Produktivität, und wir bleiben identisch mit ihr - ob wir es wahrnehmen oder nicht, ob wir es wollen oder nicht ... Zur selben Zeit aber sind wir mit derselben Unausweichlichkeit das andere zur Natur. Denn als denkende und als soziale Wesen sind wir in ihr und stehen ihr gegenüber. Wir laufen Gefahr, uns in der Position des Nur-Gegenübers über unsere Identität mit der Natur hinwegzutäuschen - unsere physische Identität zu verleugnen, um nichts als der selbstsicheren Überheblichkeit des Subjekts willen.

Naturproduktivität ist aber auch die Kraft, aus der heraus wir uns erneuern: Indem wir uns die produktiven Leistungen und die Fülle der von der ökologischen Natur hervorgebrachten Produkte einverleiben, stellen wir unsere eigene Existenz wieder her - als Individuen, als Art und als ökonomisch-soziale Gemeinschaften. Wir bedienen uns der Produktivität der Natur auf die vielfältigste Art und Weise: Wir ernten die Früchte, die sie hervorbringt. Wir nutzen die Kräfte und Gesetzmäßigkeiten der Natur, indem wir sie den Techniken, derer wir uns für den Stoffwechselprozeß mit dem Naturhaushalt bedienen, zugrunde legen. Und wir brauchen die Kraft des Lebendigen schließlich zur Regeneration der stofflichen Produkte, die aus den Wirtschaftsprozessen hervorgehen.

Die ökologische Natur ist uns unmittelbar Quelle und Ort der Erneuerung, und sie ist es mittelbar, indem sie ihre Fähigkeiten in unsere Dienste stellt: Kein Produktionsprozeß - die Herstellung keines einzigen noch so komplexen Produktes - verläuft ohne produktive Beteiligung der ökologischen Natur. Ja, es kann sogar gesagt werden, daß die Mithilfe der Natur mit zunehmender Komplexität unserer Bedürfnisse und der Produkte, die zu ihrer Befriedigung erzeugt werden, immer vielfältiger und komplizierter, aber keineswegs etwa geringer wird. Unsere Fernsehgeräte und Laptops enthalten nicht weniger Natur als die Steinpflüge im Neolithikum, sondern im Gegenteil: Wir haben gelernt, uns der Naturleistungen in immer intensiverer Weise zu bedienen, sie immer tiefgreifender und umfassender in unseren Dienst zu stellen und haben dabei geglaubt, uns von ihnen abzulösen. Der ganze Prozeß des menschlichen Wirtschaftens auf der Erde kann beschrieben werden, als die Geschichte von der bloßen Ernte des Naturprodukts bis hin zur technischen Aneignung und Umformung der Gesetzmäßigkeiten des Lebens selbst[1]. Während wir glaubten, die ökologische Natur immer weiter hinter uns zu lassen, sind wir immer tiefer in sie eingedrungen - so weit nun schon, daß wir sie jetzt als das Resultat unseres eigenen wirtschaftlichen Handelns erkennen müssen. Naturproduktivität ist zu einem vom Menschen hervorgebrachten ökologischen Produkt geworden. Und doch erzeugt der Mensch die ökologische Natur ohne zu wissen, auf welche Weise er es tut, und ohne zu wissen, wie er es tut.

Denn das ökonomische Produktionsmodell kennt nur Produktion und Konsumtion und kennt beides doch nicht. Es bildet die physische Wirklichkeit ökonomischer Prozesse nicht vollständig ab. Ja, das ökonomische Denken und Handeln beginnt im Grunde erst dort, wo schon alles getan ist.

Was nämlich das ökonomische Bewußtsein als bloße Eingangsfaktoren in das anthropogene Produktionssystem wahrnimmt, sind Produkte. Es sind Produkte, die hervorgegangen sind aus den vielfältigsten und kompliziertesten Produktionsprozessen der lebendigen Natur.

Wo das ökonomische System "Rohstoffe" sieht, die die materielle und energetische Grundlage der anthropogenen Produktion bilden, die anscheinend noch "roh", noch ohne ökonomischen Wert - ja, ohne jegliche ökonomische Bedeutung sind, handelt es sich in Wahrheit um Produkte als die Ergebnisse womöglich Jahrtausende währender evolutiver Prozesse. Wo das ökonomische Bewußtsein nur Arbeits-

---

[1] Vgl. Immler 1989.

kraft sieht - Arbeit, die erst noch produktiv werden soll, durch ihre Verbindung, die sie im Produktionsprozeß eingehen wird mit dem Kapital -, steht in Wahrheit der Mensch. Auch er ist Produkt der biologischen Evolution und der lebendigen Tätigkeit, der Lebenskraft derjenigen Menschen, die ihn hervorgebracht, genährt, aufgezogen und ausgebildet haben.

Wo das ökonomische System nur Produktivkraft sieht, ist in Wahrheit auch Produkt. Alle jene produktiven Prozesse aber, die den anthropogenen und ökonomisch bewerteten Produktionsprozessen vorausgehen, nimmt das ökonomische Bewußtsein als Produktionsprozesse nicht wahr. Es setzt sie voraus, ohne sich auch nur im geringsten um ihren Erhalt und um ihren Verlauf zu sorgen.

Auf die gleiche Art und Weise trennt das ökonomische System all das von sich ab, was es hinterläßt: Was aus den anthropogenen Produktions- und Konsumtionsprozessen hervorgeht, bleibt ökonomisch unsichtbar, sobald es die Warenform abgelegt hat. Wo die Ökonomie nur Warenströme sieht, entstehen tatsächlich Abfallberge. Nichts, was das industrieökonomische System hinterläßt, ist von besserer Qualität: Alles wird zu Abfall. Und wieder ist es die produktive Natur, auf die sich die industrielle Wirtschaft ganz und gar verläßt, ohne sie zu kennen - ja, ohne überhaupt von ihr wissen zu wollen. Denn nur die Natur besitzt die einzigartige Fähigkeit, Produktivität und Produkt hervorzubringen, indem sie Abfälle aufnimmt und umwandelt. Nur ihr gelingt es, durch Reduktionsprozesse hindurch zu produzieren und durch Produktionsprozesse hindurch zu reduzieren - Produkt und Produktivität zugleich zu sein und beides zu erzeugen. Dieses Vermögen ist das Vermögen der lebendigen, tätigen Natur. Es ist das einzige Vermögen, über das die menschliche Ökonomie verfügt.

Und doch taucht dieses Vermögen in der ökonomischen Wertrechnung nicht auf. Die einzigartige Produktivität der Natur ist nicht Bestandteil ökonomietheoretischer Erklärungen und Modelle. Ja, auch die ökonomische Praxis, die sich dieser Produktivität in umfassender Weise bedient und die sich das Vermögen der ökologischen Natur ganz und gar aneignet, scheint es nicht zu bemerken. Denn aus ökonomischer Sicht beginnt Produktion erst in der Sphäre der Menschen. Die Elemente, derer sich das anthropogene Produktionssystem bedient, nimmt es ökonomisch reduziert und verzerrt wahr: Arbeit und Kapital scheinen ihre Entstehungsgeschichte und ihre physische Substanz wie eine überflüssig gewordene alte Haut abgelegt zu haben, bevor sie als Produktionsfaktoren die ökonomische Bühne betreten. Sie sind nur noch das, was die Warenform von ihnen übrig gelassen hat: vergegenständlichte oder geronnene anthropogene Produktivität und auch diese nur insoweit, als sie als Lohnarbeit wirksam war, also selbst einmal Warenform hatte.

Das ökonomische Produktionsmodell bildet nur einen Ausschnitt dessen ab, was physische Produktion ist. So verliert das ökonomische Denken, indem es das Kapital als einen Produktionsfaktor zu begreifen sucht, die Gesamtheit der nicht warenförmigen, materiellen und energetischen Naturprodukte sowie die gesamte

14

ökologische Produktivität aus seinem Bewußtsein. Und auch dem Produktionsfaktor "Arbeit", soweit er zu einer ökonomischen Kategorie geworden ist, ergeht es nicht anders: "Arbeit" enthält nichts mehr an lebendiger menschlicher Tätigkeit außer der Lohnarbeit.

Das ökonomische Bewußtsein sieht nur, was das ökonomische System bewertet. Es glaubt daher auch nur, das Bewertete zu verwerten. Gerade hierin aber macht die Ökonomie ihren größten Fehler. Denn sie verwertet die ganze Natur.

Dieser tiefe Graben, den das ökonomische Denken durch die physische Wirklichkeit der eigenen Praxis gerissen hat, indem es zwischen ökonomischer Produktionssphäre und physischer Reproduktionssphäre zu trennen sucht, bleibt nicht folgenlos. Denn die realen Auswirkungen dieses Bruchs zwischen der Physis und der ökonomischen Wahrnehmung von ihr sind deutlich spürbar: Das auf einem "falschen" ökonomischen Denken beruhende "falsche" ökonomische Handeln zerstört zunehmend die ökologische Basis dessen, was zukünftiges Wirtschaften erst ermöglicht. Weil die industrielle Wirtschaftsgemeinschaft ökonomisch nichts von dem versteht, was sie physisch tut, erzeugt sie auf der physischen Seite ökologische Veränderungen, die kontraproduktiv - ja, sogar destruktiv - auf das anthropogene System zurückwirken. Schien es zunächst, als entfalteten die physischen Folgen ökonomisch fehlgesteuerter Produktions- und Konsumtionsprozesse ihre destruktiven Wirkungen auf der individuellen Ebene und im sozialen Bereich, so zeigen sich nunmehr auch unmittelbar destruktive Rückwirkungen auf das ökonomische System selbst. Das industrielle Naturprodukt hat schon jetzt eine Qualität angenommen, die seine unmittelbare Verwendung innerhalb des ökonomischen Produktionssystems nicht mehr erlaubt. Die veränderte Qualität und die ums Vielfache gestiegene Quantität anthropogen veränderter und mobilisierter Stoffströme sowie die abnehmende Regenerationsfähigkeit der ökologischen Systeme sind die Ursachen dafür, daß nunmehr auch dem ökonomisch verkürzten, allein auf den abstrakten Wertschöpfungsprozeß starrenden ökonomischen Bewußtsein die ökologische Natur nicht mehr entgeht. Doch nimmt es noch immer nicht wahr, welche ungeheuere Produktivität die ökologische Natur ihm zur Verfügung stellt. Ökonomisch wahrgenommen wird das ökologische System vor allem dort, wo es sich schon von der Produktivkraft in eine "Destruktivkraft" verwandelt hat, das heißt dort, wo seine Leistungen kostenwirksam werden und nicht mehr wie zuvor kostenlos angeeignet werden können.

Doch eine Ökonomie, die sich der ökologischen Natur als ihrer produktiven Quelle nicht bewußt ist, erzeugt weiter ein Naturprodukt, das sich gegen sie selbst richten muß. Indem sich die Ökonomie weiter auf die Trennung zwischen dem gesellschaftlich-anthropogenen System, in das sie sich eingebunden sieht, und dem physisch-ökologischen System, das noch immer außerhalb ihres Denkens und scheinbar auch außerhalb ihres Handelns liegt, beruft, gilt ihr die ökologische Natur nichts. Sie erscheint dem ökonomischen Bewußtsein nur als konstante Basis seiner eigenen Produktivität. Auch mit Blick auf ihr Produktionsergebnis hat die verkürzte, die ökologische Natur ausklammernde ökonomische Sichtweise nicht verstanden, daß die Kuppelprodukte und Kuppeleffekte ökonomischer Produktions- und Konsumtionsprozesse zugleich ökologische Resultate industriellen Wirtschaftens sind. Weil diese als Veränderungen des ökologischen Systems von vornherein keine ökonomische Bedeutung zu haben scheinen, wird zufällig als ein Kuppelprodukt ökologische Qualität erzeugt, durch deren "Destruktionspotentiale" sich das ökonomische System seiner einzigen Produktivkraft beraubt. Doch die ökologische Natur gilt ökonomisch noch immer als die ewig gleiche, die ewig sprudelnde Quelle - als die konstante Basis wirtschaftlichen Handelns. Die Ausgrenzung der ökologischen Natur aus der Sphäre des Ökonomischen geschieht a priori durch die Annahme, die Natur sei das Äußere, das andere zur Ökonomie und sie sei prinzipiell konstant[2].

Stellen wir dagegen von einem physischen Standpunkt aus die Naturproduktivität in das Zentrum ökonomischen Denkens und Handelns, so wird sichtbar, welches ungeheure produktive Potential allein der lebendigen Tätigkeit der ökologischen Natur eigen ist.

Die ökologische Natur wird ökonomisch wirksam, nicht nur, indem sie ihre Produkte dem anthropogenen Wirtschaftssystem zur weiteren Umformung, Umwandlung und schließlich zur Konsumtion überläßt, sondern vor allem auch durch ihre vielfältigen und komplexen Leistungen, die sie in die anscheinend ausschließlich anthropogen gestalteten Produktions- und Konsumtionsprozesse einbringt. Es sind außer der Produktionsfunktion der ökologischen Natur im engeren Sinne ihre Fähigkeiten, die sich der Mensch zunutze macht, um physische Transport-, Umformungs- und Umwandlungsprozesse in der Sphäre der Produktion zu arrangieren, um die physische Resultate seiner Produktions- und Konsumtionsaktivitäten zu regenerieren und schließlich, um seine eigene Lebenskraft zu erneuern und wiederherzustellen.

Auf der Eingangsseite des ökonomischen Systems erkennen wir leicht die beiden Produktionsfaktoren "Kapital" und "Arbeit" als Produkte evolutiver und sozialer Prozesse, die der anthropogenen Produktion vorausgehen: Für das, was die Ökonomen unter den Begriff des Sachkapitals subsumieren, läßt sich sagen, daß jeder einzelne in die anthropogene Produktion eingehende Stoff als Naturstoff (extrahiertes Naturprodukt) bereits Resultat und Ergebnis einer Vielzahl ökologischer Prozesse ist. Ebenso ist auch das Inventar an Produktionsanlagen, Maschinen, Werkzeugen sowie die Infrastruktureinrichtungen und die Energie bereits Produkt von Naturprodukten und menschlicher Arbeit (umgeformte und umgewandelte Na-

---

[2] Zum Begriff "Naturkonstanz", vgl. Immler 1985, 1989.

turprodukte). Für die Arbeit, soweit sie innerhalb des ökonomischen Modells als Produktionsfaktor erscheint, läßt sich ebenfalls sagen, daß sie als Produktivität, nämlich als in der Sphäre der anthropogenen Produktion wirksam werdende Kraft der Muskeln und des Intellekts, Naturproduktivität und zugleich Naturprodukt ist. Denn auch Arbeitskraft ist Produkt vorangegangener Produktionsprozesse sowie sich kontinuierlich vollziehender Reproduktionsprozesse.

Doch können wir all jene Leistungen, die notwendig sind, das komplexe System "menschliche Arbeit" hervorzubringen, als Naturproduktivität ansprechen?

Die Arbeit als ein ökonomischer Produktionsfaktor läßt sich aus physischer Sicht von dem lebendigen Menschen nicht trennen. Sie ist lebendige Tätigkeit. Insoweit Arbeit ökonomisch wirksam wird, zugleich aber außerhalb der ökonomischen Sphäre produziert und reproduziert wird, ist sie ein "Naturprodukt", obgleich selbstverständlich auch das soziale System Anteil an der Herstellung von Arbeitskraft hat. Arbeit ist das Ergebnis des biologischen Evolutionsprozesses und zugleich Ergebnis von Erziehung und Sozialisation des Individuums in der Familie und in der Gesellschaft. Arbeit, soweit wir sie als Produkt betrachten, ist schon das konkret gewordene Ergebnis eines ineinandergreifenden, kooperierenden Prozesses einer lebendigen "Arbeitsgemeinschaft" - Produkt einer Verbindung sich anscheinend gegenüberstehender Produzentinnen: Es ist erstens die Tätigkeit der biologischen Evolution als ein Naturprozeß; zweitens sind es die Tätigkeiten der sorgenden und pflegenden Menschen, die sich ebenso wie die Tätigkeit der ökologischen Natur jenseits aller ökonomischer Aufmersamkeit vollziehen und deshalb wie Naturprozesse ökonomisch ausgeblendet werden; und es ist schließlich drittens die Tätigkeit der sozialen Gemeinschaft, deren Aufgabe es ist, für die Bildung und Ausbildung der Arbeitskräfte zu sorgen. Alle drei Prozesse gehen eine Verbindung miteinander ein, aus der das Produkt "Arbeit" als "Arbeitskraft" hervorgeht. Als Produkt ist die Arbeit, soweit sie schließlich innerhalb des ökonomischen Systems wirksam und als Produktionsfaktor ökonomisch auch wahrgenommen wird, zu einem weitaus überwiegenden Teil Resultat lebendiger Tätigkeit als Naturproduktivität, aber zugleich auch ein Resultat individuellen und gesellschaftlichen Handelns. Im Produkt "Arbeit" hat sich Soziales und Natürliches als eine Einheit verbunden.

Die beiden innerhalb des ökonomischen Systems so zentralen Produktionsfaktoren "Arbeit" und "Kapital", die hier ausschließlich als Input, als in den produktiven Prozeß eingehende Produktionsfaktoren wahrgenommen werden, sind also schon Produkte - Produkte, die aus den komplizierten Prozessen lebendiger Tätigkeiten hervorgegangen sind, die als solche aber gerade keine ökonomische Bedeutung haben. Als ökologisch-biologische Prozesse und als menschliche Tätigkeiten, die nicht Teil des ökonomischen Systems sind (Reproduktionsarbeit), wie die Tätigkeiten von Müttern, Vätern, Hausarbeiterinnen und Hausarbeitern, gelten die an der Herstellung der "Produktionsfaktoren" beteiligten Produzenten und Produzentinnen ökonomisch nichts - und dies, obgleich sie doch in höchstem Maße produktiv wirken. Denn geht aus diesen Prozessen nicht schließlich physisch gerade das hervor, was ökonomisch produktiv werden soll und anscheinend Ursache aller ökonomischer Wertbildungsprozesse wird?

Der Ort dieser den ökonomischen Prozessen vorausgehenden physischen Produktionsprozesse aber bleibt innerhalb des ökonomischen Denkmodells leer. Nur von einem physischen Standpunkt aus können wir erklären, was hier geschieht: Es ist die Produktivität der ganzen Natur, einschließlich der des Menschen, die wirksam wird, um jene Materie, Energie und schließlich auch um Arbeit hervorzubringen, die ökonomisch nichts anderes darstellen als "Produktionsfaktoren" - als ein Input in das ökonomische Produktionsmodell.

Sobald wir aber einmal die den Blick verengende, dem ökonomischen Produktionsmodell eigene Scheuklappe abgelegt haben, wird sichtbar, daß es die produktive Natur selbst ist, deren Tätigkeit als Produktion anzusprechen ist. Doch die Naturproduktivität als die Produktivität des Lebendigen in seiner Gesamtheit umschließt gleichsam auch die tätigen Menschen. Denn soweit wir das menschliche Tun als Arbeit - als Lohnarbeit und als Reproduktionsarbeit - aus physischer Sicht betrachten, stellt es sich als eine Form der Naturproduktivität dar - Naturproduktivität, die aufgrund ihrer Fähigkeit, sich über sich selbst bewußt zu sein, zwar in einer besonderen Weise wirksam wird, die jedoch als lebendige Produktivkraft gerade nicht losgelöst von der Natur gesehen werden kann.

Naturproduktivität geht daher nicht nur dem anthropogenen (und ökonomisch wahrgenommenen) Produktionssystem voraus, sondern sie umschließt es zugleich. Denn die Tätigkeit der ökologischen Natur und der Menschen bringt nicht nur Arbeit und Kapital hervor, die als "Produktionsfaktoren" anscheinend losgelöst und selbständig im ökonomischen System tätig werden, sondern als Kapital und Arbeit bleibt die produzierende Natur weiter tätig auch innerhalb des ökonomischen Produktionssystems. Naturproduktivität ist nicht allein die Voraussetzung, sondern zugleich auch die einzige Akteurin innerhalb des gesamten ökonomischen Prozesses.

Doch wenn das, was die Natur tut, Produktion ist, was ist dann "Produktion", wie sie innerhalb des ökonomischen Modells gedacht wird?

2.2 Produktion

Vom physischen Standpunkt aus betrachtet ist der ökonomische Produktionsprozeß zunächst erst einmal Raub - nichts als Raub. Denn der Produzent des ökonomischen Systems tut im Grunde nichts anderes als Naturprodukte abzuernten. Er schöpft sie ab, um sie zu konsumieren. Der Produzent des ökonomischen Systems ist aus physischer Sicht ein Konsument.

18

Diese Aussage, so widerständig sie auf den ersten Blick auch daherkommen mag, ist aus physischer Perspektive doch folgerichtig. Denn Produktion, wie sie innerhalb des ökonomischen Modells gedacht wird, setzt Naturproduktion immer schon voraus. Indem der ökonomische Produzent Kapital und Arbeit einsetzt, um diese im ökonomischen Sinne produktiv werden zu lassen, tut er physisch nichts anderes, als die Produkte der Natur zu ernten. Er eignet sich im Grunde etwas an, dessen Entstehungszusammenhänge er nicht kennt. Weil die Entstehung der Produktionsfaktoren, soweit diese bereits aus physischen Produktionsprozessen als Produkte hervorgegangen sind, ökonomisch geleugnet wird, indem die Naturprodukte als solche nicht bewertet werden, läßt sich mit Recht sagen, daß die ökonomische Verwertung dessen, was als Natur in das ökonomische System eingeht, Raub ist.

Wirklich mit Recht? Lassen sich gegen diese Argumentation nicht auch Einwände, wie die folgenden vorbringen?

Erstens bezahlen die menschlichen Produzenten des ökonomischen Systems schließlich für Arbeit und Kapital, und zwar immer dann, wenn sie sie sich als Produktionsfaktoren aneignen. Aneignung und Nutzung von Produktionsfaktoren erfolgt innerhalb des marktwirtschaftlichen Tauschsystems und stellt daher gerade keinen Akt des Raubens dar.

Zweitens läßt sich die Produktion innerhalb des ökonomischen Systems womöglich gerade nicht reduzieren auf einen konsumtiven Akt der aus den natürlichen Produktionsprozessen hervorgegangenen Produkte, denn erst hier - innerhalb des anthropogenen Produktionssystems - werden Gebrauchswerte geschaffen. Was die Natur hervorbringt, ist nicht unmittelbar für den Menschen nutzbar. Es bedarf einer Zubereitung, einer besonderen Kombinierung von Naturprodukten durch menschliche Arbeit, um sie in für den Menschen nützliche, das heißt in konsumierbare Produkte zu verwandeln. In dieser Hinsicht ist das ökonomische Produktionssystem produktiv.

Betrachten wir zunächst den ersten Einwand: Selbstverständlich werden Arbeit und Kapital nicht einfach angeeignet, wie man den Apfel von des Nachbarn Baum pflückt. Arbeit und Kapital werden auf dem Markt angeboten und derjenige, der sie als Produktionsfaktoren nachfragt, wird sie erwerben müssen. Doch der Einwand kann das Argument in seinem Kern nicht widerlegen. Weil der Produzent des ökonomischen Systems, der auf dem Markt "Produktionsfaktoren" nachfragt, diese nicht als Produkte nachfragt - ja, weil er von den seiner eigenen Produktion vorausgegangenen mannigfachen physischen Produktionsprozessen nichts weiß, läuft der Einwand ins Leere. Kauft er beispielsweise Naturstoffe, wie Erdöl, Wolle oder Getreide ein, so bezahlt er zwar für die vorausgegangenen Produktionsstufen, doch nur insoweit diese Eingang gefunden haben in das ökonomische Tauschsystem, das heißt nur insoweit sie auch bewertet wurden. Zwar enthält der Tauschwert des Erdöls die für die Extraktion und den Transport des Naturstoffes aufgewendeten Kosten, nicht aber seine Produktionskosten, weil die über Jahrtausende vollzogenen ökologischen Prozesse, die zu seiner Herstellung nötig waren, ökonomisch weder als Produktionsprozesse wahrgenommen noch etwa entsprechend bewertet werden. Dasselbe ließe sich über den Wolle- und Getreidepreis sagen. Ja, obwohl der Produzent Arbeitskraft einkauft, bezahlt er nichts für ihre Herstellung. Was er bezahlt, sind die ständigen Reproduktionskosten und auch diese nur, insoweit sie dem abstrakten Wertkalkül zugänglich sind. Der erste Einwand ist also richtig und falsch zugleich, denn die Aussage, es werde gekauft und gerade nicht gestohlen, ist zwar richtig, sie geht aber dennoch an der Substanz des Arguments geradewegs vorbei. Mit Blick auf den ökologischen Herstellungsprozeß wird gestohlen.

Betrachten wir nunmehr den zweiten Einwand: Anthropogene Produktion, wie sie innerhalb des ökonomischen Denkmodells verstanden wird, stellt einen im besten Sinne produktiven Prozeß dar, denn erst hier werden die Naturprodukte durch ihre Verbindung mit weiteren ökologischen Leistungen und mit menschlicher Arbeit auf das mannigfaltigste zusammengestellt, neu kombiniert, neu organisiert, neu zubereitet, neu aufbereitet - ja, in gewissem Sinne "geschaffen", um den menschlichen Bedürfnissen zu genügen. Das Naturprodukt als solches hat unmittelbar noch keinen Gebrauchswert mit Blick auf die menschliche Konsumtion, sondern nimmt diesen erst innerhalb des anthropogenen Produktionssystems an.

Dieser Einwand ist in der Sache richtig und doch auch in der Konsequenz falsch: Zwar trifft es zu, daß jedes einzelne Naturprodukt, bevor es konsumiert werden kann, durch menschliche Tätigkeit verändert - im weitesten Sinne "bearbeitet" werden muß. Dieses Argument ist richtig auch dann, wenn sich die menschliche Tätigkeit schon darin erschöpft, daß der Apfel vom Baum gepflückt werden muß, bevor er gegessen werden kann, und das Hühnerei vor dem Verzehr aus dem Nest genommen werden muß. Doch verhält es sich tätsächlich so, daß der Mensch Äpfel und Hühnereier produziert, indem er sie pflückt und aus dem Nest nimmt? Produziert der Mensch auch dann, wenn sein einziger Beitrag darin besteht, die Naturprodukte aus ihren gewachsenen ökologischen Zusammenhängen herauszutrennen? Ja, auch dann, wenn aus Äpfeln Apfelkuchen und aus Eiern Omelett wird, bleibt der menschliche Anteil an der Herstellung des Produktes vergleichsweise gering. Und dies gilt selbstverständlich auch für jene Produkte, denen wir ihre natürliche Substanz kaum mehr ansehen: Auch der Computer ist und bleibt - soweit er Materie ist - ein Naturprodukt, wenngleich der menschliche Anteil an seiner Herstellung im Vergleich zum Apfelkuchen höher angesetzt werden muß. Doch was läßt sich daraus mit Blick auf die hier erörterte Frage nach der "konsumtiven" oder "produktiven" Qualität ökonomischer Produktionsprozesse schließen?

Vom anthropogenen Standpunkt her ist das, was innerhalb des ökonomischen Produktionssystems geschieht, tatsächlich produktiv. Denn aus dem Blickwinkel des menschlichen Konsuminteresses entsteht hier der Gebrauchswert. Aus einer über den Menschen hinausgehenden (diesen wohl aber einschließenden) physischen Sicht ist dieser Prozeß jedoch nicht produktiv, denn alles, was hier geschieht, ist Organisation von natürlich Produziertem und natürlicher Produktivität: Naturprodukte werden durch Naturleistungen, einschließlich der menschlichen Arbeit, neu kombiniert und mit Blick auf den menschlichen Gebrauch zubereitet. Dabei sind jedoch nicht nur die Naturprodukte (als extrahierter Naturstoff), sondern auch die tätige Natur wie die menschliche Arbeit bereits Produkte - gewordene Resultate produktiver Naturprozesse. In diesem Sinne ist die menschliche Produktion ausgehend von einem physischen Standpunkt als Konsumtion anzusprechen.

Doch wenn das, was innerhalb des ökonomischen Systems als Produktion gilt, vom physischen Standpunkt aus Konsumtion ist, was ist dann die Konsumtion, wie sie innerhalb des ökonomischen Systems verstanden wird?

2.3 Konsumtion

Konsumtion ist auf den ersten Blick nichts anderes als Produktion - Produktion unserer eigenen Lebenskraft. Und doch ist Konsumtion als ein produktiver Prozeß dem ökonomischen System unbekannt - bestenfalls wird dieser Prozeß als ein reproduktiver Prozeß mit Blick auf die Wiederherstellung der Arbeitskraft überhaupt wahrgenommen. Ja, es kann sogar gesagt werden, daß ökonomisch die Konsumtion als solche völlig irrelevant ist, denn der Blick des Ökonomen wendet sich schon ab, bevor der Konsumtionsakt im eigentlichen Sinne auch nur begonnen hat. Ihn interessiert nicht, was in der Konsumtionssphäre mit dem Produkt geschieht, sondern allein die Tatsache, daß es eine kaufkräftige Nachfrage für das Produkt gibt, ist ihm schon genug. Nur daß das hergestellte Produkt einen Käufer findet, ist im abstrakt wertökonomischen Denken von Interesse, nicht aber was mit dem Produkt durch den Akt der Konsumtion hindurch physisch geschieht.

Demgegenüber gerät der Prozeß des Ver- oder Gebrauchs von Produkten dann in den Mittelpunkt, wenn wir Konsumtion vom physischen Standpunkt her betrachten. Ausgehend von den Überlegungen zur Naturproduktivität und zum anthropogenen Produktionssystem ist die Frage, was sich innerhalb der Konsumtionssphäre physisch abspielt, sogar von zentraler Bedeutung. Läßt sich der physische Vorgang des Konsumierens dann, wenn wir allein den konsumierenden Menschen in den Blick nehmen, noch auf den Begriff "Produktion" (oder auch "Reproduktion") reduzieren, so reicht dieses Verständnis bereits dann nicht mehr aus, wenn wir den Blick auf das Produkt selbst hin erweitern. Ausgehend von einem physischen Begriff von der Qualität des Produktes als einem Naturprodukt wird nämlich sichtbar, daß wir schon, indem wir Produkte ver- oder gebrauchen, damit beginnen, sie zu verändern. Konsumtion ist prinzipiell verbunden mit Prozessen der Umformung und Umwandlung, das heißt der stofflichen Veränderung und der energetischen

Umwandlung der Produkte als solcher. An diesen Prozessen ist nicht nur der Mensch als Konsument beteiligt, sondern auch die nicht-menschliche Natur.

Auf Grundlage dieser Überlegung aber läßt sich Konsumtion physisch als ein Reduktionsprozeß beschreiben[3]. Noch während wir im Konsumtionsakt unsere eigene Lebenskraft (re)produzieren, verhalten wir uns zugleich über unsere eigene Leiblichkeit hinaus zum Naturganzen. Denn als Reduzenten beginnen wir mit dem Gebrauch und Verbrauch von Produkten zugleich damit, sie zu zerlegen, umzuformen und umzuwandeln. Insoweit Konsumtion unvermeidlich auch einen Vorgang des Zerlegens und Umwandelns von Stoffen und Energie darstellt, ist sie Rückführung in den Naturprozeß. Dieser Prozeß geschieht allerdings in unbewußter Weise, denn Reduktion hat ja tatsächlich primär einen ökologischen Zweck, der selbstverständlich nicht (einziger) Zweck der Konsumtion sein kann. Reduktion geschieht hier quasi naturwüchsig und mittelbar als ein untrennbarer Bestandteil des Konsumtionsprozesses, der vor allem anderen auf die Reproduktion des eigenen physischen und sozialen Lebens gerichtet ist. Und doch wird, sobald wir einen physischen Standpunkt einnehmen, dieser in den Konsumtionsakt eingebundene Prozeß der stofflich-energetischen Reduktion sofort sichtbar.

Damit erhält jedoch der Konsumtionsbegriff einen über das eigene subjektive Leben und Erleben hinausgehenden Sinn, der dem nur auf den unmittelbaren und kurzfristigen Nutzen blickenden Konsumenten, wie ihn die industrieökonomische Rationalität voraussetzt und real erzeugt hat, entgeht. In dieser Logik nämlich endet die physische Existenz des Produktes unmittelbar im Akt des Ver- oder Gebrauchs. Der industrielle Konsument kennt weder die Vergangenheit noch die Zukunft des Produktes, er kennt es nur für den Moment, in dem er es verzehrt. Je kürzer dieser Moment andauert, desto vorteilhafter erscheint das Produkt gar aus der Sicht einer ausschließlich auf die Nutzenrealisierung gerichteten ökonomischen Rationalität. Der Verzehr von immer mehr Produkten in immer kürzerer Zeit - die Beschleunigung des Entwertungsprozesses - wird ausgehend vom abstrakt wertökonomischen Denken zu einer rationalen Strategie. Im ökonomischen Bewußtsein des Industriesystems läßt sich daher gerade nicht der anhaltende Genuß, sondern nur das schnelle Verschlingen begründen. Der diesem ökonomischen Konzept entsprechende Konsument hat weder die Chance zu genießen noch etwa die Chance, auch die ökologische Dimension seines konsumtiven Handelns zu erfahren.

Und doch kann gesagt werden, daß sich der Prozeß der physischen Reduktion in seiner ökologischen Bedeutung allein im Prozeß des Konsumierens nicht erschöpft und nicht erschöpfen kann. Konsumtion ist mit Blick auf die ökologische Reduktion prinzipiell ein unvollständiger und unzureichender Prozeß. Auf diesen ersten

---

[3] *Reduktion* bedeutet "Rückführung" (lat.: reducere = auf das richtige Maß zurückführen).

Schritt physischer Rückführung der Produkte in den Naturhaushalt muß daher eine zweite Reduktionsstufe aufbauen. Erst hier geht es um die bewußte, zielgerichtete Rückführung in den Haushalt der ökologischen Natur.

Diese Stelle jedoch bleibt innerhalb des ökonomischen Produktionsmodells leer. Aus der Perspektive des abstrakt wertökonomischen Denkens industrieller Ökonomie ist der ökonomische Prozeß schon jetzt erfolgreich beendet.

2.4 Reduktion

Ganz anders aber stellt sich dies aus physischer Perspektive dar. Denn der womöglich wichtigste Schritt, nämlich die produktive (Wieder-)Einbindung dessen, was das anthropogene System physisch hervorgebracht hat, steht bislang noch aus.

Doch kann tatsächlich mit Recht behauptet werden, daß das industrieökonomische System den hier zur Disposition stehenden Schritt der Reduktion - der Rückführung in den Naturhaushalt - nicht kennt? Ist nicht vielmehr gerade innerhalb industrieller Gesellschaften ein hoch komplexes technisches Reduktionssystem geschaffen worden, das inzwischen unter Bezeichnungen wie "Entsorgungsindustrie", "Abfallwirtschaft", "Recycling" etc. einen festen Platz innerhalb der industriellen Wirtschaftsgemeinschaft eingenommen hat?

Bei genauerer Betrachtung wird sichtbar, daß jene industrieökonomischen Bereiche, die mit sogenannter Umweltschutztechnologie völlig neue industrielle Märkte schaffen und besetzen, im Grunde nichts mit physisch-ökologischer Reduktion zu tun haben und womöglich auch nichts zu tun haben wollen. Ja, es kann sogar gesagt werden, daß sich jene gar in einem Gegensatz zur physisch-ökologischen Reduktion konstituieren. Die Philosophie der "Kreislaufwirtschaft" geht von einem Grundverständnis aus, innerhalb dessen sich die Frage nach der produktiven Rückführung in den ökologischen Haushalt in dieser Form nicht stellt. Denn ist von "Kreislaufwirtschaft" die Rede, so wird dabei im allgemeinen vorausgesetzt, daß es sich um eine Kreislaufführung innerhalb des anthropogenen Systems handelt: Stoffe und Produkte sollen innerhalb einzelner anthropogener Produktionsprozesse, zwischen verschiedenen anthropogenen Produktionsprozessen oder aber zwischen anthropogener Produktions- und Konsumtionssphäre im "Kreise" geführt werden. Zweck dieses Unternehmens ist gerade nicht die Rückführung in den ökologischen Haushalt der Natur, sondern im Gegenteil: Ziel ist es, anthropogene Stoffströme so gründlich und so lange wie möglich zu isolieren - sie zeitlich und räumlich abzutrennen von der ökologischen Natur.

Vom physischen Standpunkt aus ist ein solches Konzept theoretisch fragwürdig und praktisch als eine allgemeine Strategie voraussichtlich zum Scheitern verurteilt. Denn es basiert auf der Vorstellung, daß zwei voneinander getrennte, unterscheidbare Systeme - das anthropogene Wirtschaftssystem auf der einen Seite und das ökologische System auf der anderen Seite - auch physisch existieren. Diese Vorstellung ist Fiktion. Sie hat ihre Wurzeln in jenem verkürzten und durch die Physis schon widerlegten Konzept abstrakter Wertökonomie.

Gehen wir dagegen von der Annahme aus, daß die ökologische Natur selbst als eine Produktivkraft nicht nur dem ökonomischen System vorausgesetzt werden kann, sondern daß sie die zentrale Ursache jedes einzelnen ökonomischen Prozesses und einzige Quelle ökonomischer Verwertung ist, so ist die Vorstellung der internen Kreislaufführung innerhalb des anthropogenen Systems absurd. "Kreislaufwirtschaft" erhält ausgehend von der Naturproduktivität erst dadurch einen Sinn, daß Reduktion als Rückführung anthropogen gestalteter Stoffströme in den ökologischen Haushalt auf eine produktive Weise gelingt. Es gilt, alle jene physischen Produkte, die das anthropogene Produktions- und Konsumtionssystem durchlaufen haben, in eine Qualität zurückzuführen, die ihre Reintegration in den Naturhaushalt nicht nur erlaubt, sondern die zudem geeignet ist, die Produktivität der ökologischen Prozesse mindestens zu unterstützen und zu erhalten.

Doch läßt sich diese Aufgabe in einem einzigen Schritt und nach Ablauf von anthropogener Produktion und Konsumtion durch eine zweckmäßige Ausgestaltung des Reduktionsprozesses überhaupt bewältigen? Wohl kaum. Denn wenn die Reduktion in der Herstellung oder Wiederherstellung der Naturproduktivität selbst bestehen soll, gilt es, jeden einzelnen Teilprozeß innerhalb des gesamten Systems auf dieses Ziel hin auszurichten. Reduktion in der Bedeutung ökologisch produktiver Rückführung kann nur dann gelingen, wenn jede einzelne Entscheidung über Produktions- und Konsumtionsvorgänge den Reduktionsprozeß als solchen schon antizipiert - ja, wenn die Wiederherstellung der Naturproduktivität als der eigentliche Zweck wirtschaftlichen Handelns bereits Bestandteil jedes einzelnen ökonomischen Entscheidungs- und Bewertungsprozesses ist.

Deutlich wird, daß sich aus physischer Sicht jedes einzelne Teilsystem - von der anthropogenen Produktion über die Konsumtion bis hin zur Reduktion - in unmittelbarer Abhängigkeit zu den jeweils anderen Teilsystemen befindet. Das gesamte System schließlich wird von der Produktivität der ökologischen und der menschlichen Natur umschlossen - ja, durch sie gleichsam zusammengehalten. So erhält schließlich auch der vorerst letzte Schritt innerhalb des physischen Modells - der Reduktionsprozeß - eine produktive Funktion: Denn es gilt, Naturproduktivität, soweit sie die Voraussetzung und die Quelle für alle zukünftigen ökonomischen Prozesse ist, herzustellen - oder sollte an dieser Stelle besser von Wiederherstellung - von Reproduktion gesprochen werden?

2.5 Reproduktion

Nehmen wir den Standpunkt der Physis ein, um von hier aus den Blick auf das ökonomische System zu richten, so verbinden sich Produktion und Reproduktion zu einer Einheit. Ja, es wird geradezu unmöglich, beides noch voneinander unterscheiden zu wollen. Und dies hat einen guten Grund.

Merkmal des industriell ökonomischen Produktionsmodells ist es, die nicht wahrgenommene, ökonomisch abgespaltene Produktivität der Natur - der ökologischen und der menschlichen Natur - der reproduktiven Sphäre zuzuordnen. Was in den ökonomischen Verwertungsprozeß ganz und gar eingesogen wird, wird auf der Seite der ökonomischen Bewertung abgetrennt. Die ökonomische Wertrationalität weiß nichts von der Naturproduktivität, obgleich sie ausschließlich von ihr zehrt.

Doch betrachten wir denselben Wirtschaftsprozeß in seiner physischen Dimension, so hebt sich die Trennung von Produktions- und Reproduktionssphäre zwangsläufig auf: Ist die physische Produktivität einmal als Ausgangspunkt - als einzige Produktivkraft der menschlichen Ökonomie erkannt, so wird sie notwendig auch als das Ziel menschlicher Ökonomie sichtbar, denn Naturproduktivität und Naturprodukt lassen sich nicht voneinander trennen. Damit aber fällt die Trennung von Herstellung und Wiederherstellung - von Produktion und Reproduktion - in sich zusammen: Die Produktion wird zur Reproduktion, der Ring beginnt sich zu schließen.

Das dem ökonomischen Produktionsmodell zugrunde liegende lineare Denken setzt die Abspaltung der Physis immer schon voraus. Das Denkmodell industrieller Ökonomie beruht auf der Vorstellung einer konstanten Natur - einer Natur, die liefert, ohne zu produzieren, und die abnimmt, ohne zu reduzieren. Die Natur als die unendliche Ressourcenkammer und als der unverletzliche Aufnahmespeicher für Abfälle und Emissionen ist jedoch nichts als ein Hirngespinst - das falsche Bild von einer konstanten Natur, worauf das ganze ökonomische Denken sich beruft. Dasselbe "falsche" Bild aber prägt die Praxis der Ökonomie.

Doch in dem Augenblick, in dem wir uns der Naturkonstanz als einer Fiktion bewußt werden, ist der ökonomische Prozeß als linearer Prozeß bereits undenkbar geworden. Denn die Physis als Quelle aller ökonomischen Prozesse anzuerkennen, bedeutet notwendig zugleich auch, sie als das Resultat aller ökonomischen Prozesse wahrzunehmen. Ökonomische Produktivität ist werdende Natur, gewordene Natur ist ökonomisches Produkt. Da beides physisch voneinander nicht trennbar ist - weil Werdendes schon Gewordenes und Gewordenes auch Werdendes ist - schließt sich der ökonomische Prozeß notwendig zu einem Ring zusammen. Ein Modell ökonomischer Prozesse, das von der Physis als seiner Grundlage ausgeht, kommt am anderen Ende von sich um die Physis nicht herum. Denn die lebendige Natur enthält immer schon Anfang und Ende, sie ist Produktivität und Produkt zur gleichen Zeit.

Dies ist der Grund dafür, daß wir vom physischen Standpunkt aus zwischen Produktion und Reproduktion nicht unterscheiden können. Das Ende des ökonomischen Prozesses ist zugleich sein Anfang. Das einzig mögliche Produkt physischer Ökonomie ist die Physis als Produktivität. Nur um den Preis der Leugnung und Abspaltung der physischen Wirklichkeit war es möglich, den ökonomischen Prozeß als einen linearen Prozeß zu sehen. Sobald die lebendige Natur in das ökonomische Denken hineingelassen wird, entsteht ein zyklisches Modell: das Modell reproduktiver Ökonomie.

Reproduktion aber bedeutet Wiederherstellung - Wiederherstellung der Ausgangsbedingungen des ökonomischen Prozesses. Reproduktion ist Wiederholung. Holen wir also die Vorstellung von der Naturkonstanz, die wir soeben als Fiktion erkannt haben, nicht geradewegs mit dem Begriff "Reproduktion" in das ökonomische Denken wieder hinein?

Nein, denn obgleich der Zweck reproduktiven Wirtschaftens die Wiederholung des ökonomischen Prozesses ist, kann Wiederholung mit Blick auf die lebendige Physis nicht Wiederholung des Gleichen bedeuten. Die wiedererzeugte Naturproduktivität ist prinzipiell nicht identisch mit der zuvor in Anspruch genommenen Natur. Was in dem Modell wie ein Kreis - ja, wie ein Ring - erscheint, ist physisch ein eher spiralförmiger Vorgang. Die Realität der lebendigen Natur kennt die Wiederholung des Gleichen nicht - in der ökologischen Sphäre ist der Kreislauf ein ebenso fiktives Gebilde wie im ökonomischen Denken. "Kreislauf" als die Fortschrittsmetapher des Industriesystems ist die begriffliche Manifestation der falschen Vorstellung von einer konstanten - zeitlosen und unveränderlichen - Natur.

Das Naturprodukt als Ergebnis ökonomischer Prozesse ist nicht identisch mit der Naturproduktivität, die den ökonomischen Prozessen vorausgegangen war. Stellen wir uns also den physischen Reproduktionsprozeß als einen geschlossenen Ring vor, auf dem jeder einzelne Punkt innerhalb des ökonomischen Prozesses einem identischen Punkt innerhalb des vorangegangenen Prozesses entspricht, und stellen wir uns weiterhin vor, daß jeder künftige ökonomische Prozeß wieder an einen identischen Punkt gerät, so abstrahieren wir von dem Wesen des Lebendigen selbst. Die Vorstellung des sich in ständiger Wiederholung entfaltenden ewig Gleichen steht in Widerspruch zu allem, was wir über das Wesen lebendiger Systeme wissen: Physische Prozesse entfalten auf jeder Stufe neue physische Qualitäten, die wiederum die Qualität zukünftiger Prozesse und zukünftiger Produkte beeinflussen werden. Dem zyklischen Grundmodell des Wirtschaftsprozesses ist die Bewegung und Veränderung als zukunftsoffene Entwicklung ebenso eigen wie die Wiederholung. Evolutive Reproduktion steht daher für die Wiederherstellung gleicher Produktivität, nicht aber für Wiederherstellung gleichartiger physischer Ausgangsbedingungen. Im Begriff der "evolutiven Reproduktion" sind Wiederholung und Innovation miteinander vereint.

Evolutive Reproduktion meint Wiederherstellung der physischen und ökologischen Produktivität. Indem wir aber die Produktivität des Lebendigen in das Zentrum ökonomischen Denkens rücken, entfaltet sich ein zyklisches Wirtschaftsmodell, das doch keinen geschlossenen Kreislauf darstellt. Reproduktives Wirtschaften ist auf Wiederholung gerichtet und kann doch nicht Wiederholung des Gleichen sein.

Stellen wir abschließend das industrieökonomische Produktionsmodell dem physischen Reproduktionsmodell, so wie es sich auf Grundlage der bisher dargelegten Überlegungen darstellt, gegenüber (vgl. Abb. 1), so werden die Widersprüche und Unterschiede zwischen beiden Denkmodellen deutlich:

Am Anfang des physischen Reproduktionsmodells steht die naturale Produktion, denn sie ist Grundlage und Voraussetzung des ganzen menschlichen Wirtschaftsprozesses. Die tätige, lebendige Natur ist die Quelle, die den anthropogenen Wirtschaftsprozeß speist. Die aus diesem Prozeß hervorgehenden Produkte und Leistungen bilden die physische Basis, auf der sich das anthropogene Produktionssystem erst entfalten kann. Innerhalb des ökonomischen Produktionsmodells aber bleibt diese Stelle leer.

Erst an zweiter Stelle steht im physischen Reproduktionsmodell die anthropogene Produktion, die vom physischen Standpunkt her zugleich ein Vorgang der Konsumtion ist. Denn der Mensch produziert, indem er die Produkte und die Produktivkraft der Natur konsumiert. Innerhalb des ökonomischen Produktionsmodells aber stellt sich das anthropogene Produktionssystem als der einzige produktive Prozeß dar. Im ökonomischen Denken erscheint die gesamte Produktivität der lebendigen Natur als Produktivität des ökonomischen Systems selbst.

An dritter Stelle innerhalb des physischen Reproduktionsmodells steht die anthropogene Konsumtion, die sich zugleich als ein physischer Prozeß der Reduktion darstellt. Denn, indem der Mensch die Produkte ver- und gebraucht, beginnt er damit, sie physisch aufzutrennen und in den ökologischen Haushalt zurückzuführen. Im ökonomischen Modell aber wird die Beteiligung der ökologischen Natur an den menschlichen Konsumtionsprozessen nicht gesehen. Hier steht die Konsumtion ausschließlich für die Realisierung des Gebrauchswerts der Produkte für den Menschen.

Aufbauend auf den Prozeß der Konsumtion wird innerhalb des physischen Reproduktionsmodells die Bedeutung der naturalen Reduktion sichtbar. Die Rückführung der physischen Ergebnisse anthropogener Produktions- und Konsumtionsprozesse in den Naturhaushalt ist als Leistung des ökologischen Systems Teil der produktiven Funktionen der Natur selbst. Dieser Prozeß aber ist durch den Menschen vorzubereiten und zu unterstützen. Insoweit ist Reduktion vom anthropogenen Standpunkt her zugleich auch Produktion - Produktion von Naturqualität als Produktivität. Innerhalb des ökonomischen Produktionsmodells bleibt diese Stelle leer.

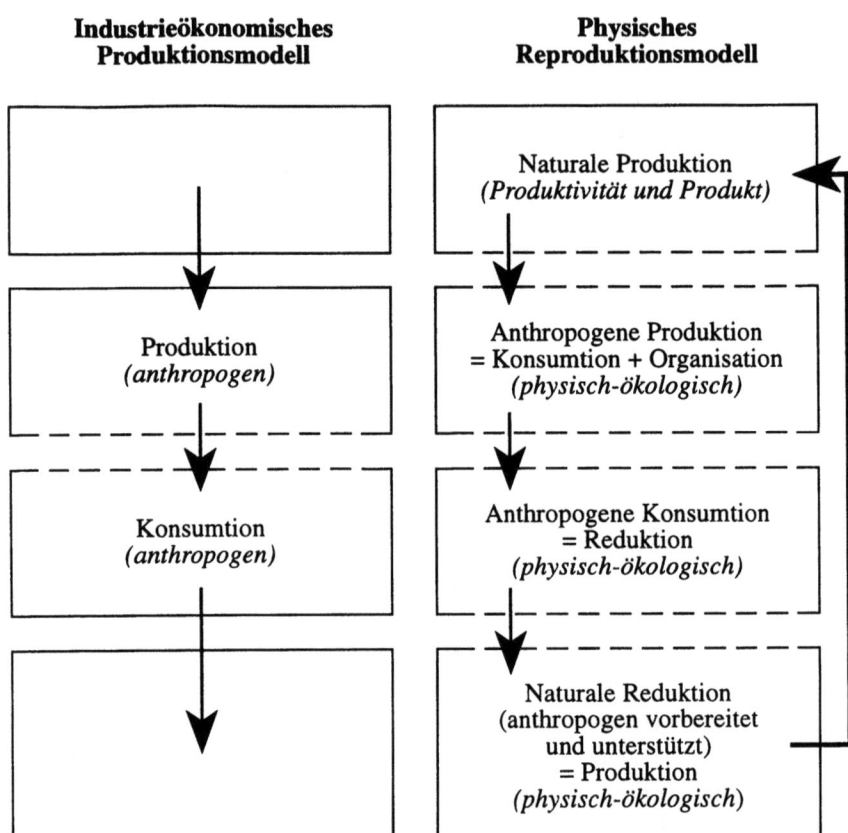

**Industrieökonomisches
Produktionsmodell**
               **Physisches
Reproduktionsmodell**

Naturale Produktion
(*Produktivität und Produkt*)

Produktion
(*anthropogen*)

Anthropogene Produktion
= Konsumtion + Organisation
(*physisch-ökologisch*)

Konsumtion
(*anthropogen*)

Anthropogene Konsumtion
= Reduktion
(*physisch-ökologisch*)

Naturale Reduktion
(anthropogen vorbereitet
und unterstützt)
= Produktion
(*physisch-ökologisch*)

Abb. 1: Industrieökonomisches Produktionsmodell und physisches Reproduktionsmodell (Gegenüberstellung)

Wir haben schließlich gesehen, daß sich, indem aus physischer Sicht die Natur als
Naturproduktivität zum Ausgangs- und als Naturprodukt zum Endpunkt des ökonomischen Systems wird, ein zyklisches Modell reproduktiven Wirtschaftens entfaltet. Dem steht das lineare Produktionsmodell gegenüber.

3 Modell einer Ökonomie der Reproduktion: Der Reproduktionsring

3.1 Das Produktionsmodell aus ökologischer und ökonomischer Sicht

Der Reichtum der Industriegesellschaften besteht aus einer ungeheuren Vielfalt physischer Produktivität und physischer Produkte. Doch davon verstehen ihre Ökonomien nichts. Denn es hat sich gezeigt: In demselben Moment, in dem wir das ökonomische Produktionsmodell aus der physischen Perspektive betrachten, offenbart es seine Lücken. Wo mit Blick auf die Physis die für das ökonomische System entscheidenden Prozesse ablaufen, weist das ökonomische Modell Leerstellen auf. So kennt das abstrakt wertökonomische Denken weder die naturale Produktion noch die naturale Reduktion - ja, es weiß von dem gesamten System der Naturproduktivität nichts. Es weiß nicht, auf welche Weise die Natur das Vermögen hervorbringt, dessen sich das ökonomische System bedient. Und es weiß nicht, auf welche Weise die Natur dieses Vermögen wieder und wieder zu erneuern versteht. Den Entstehungsprozeß ihres gesamten Vermögens blendet die Wertökonomie systematisch aus ihrem Denken aus.

Es hat sich weiterhin gezeigt, daß sich der ökonomische Prozeß, sobald wir ihn von seiner physischen Seite betrachten, als ein zyklisches - als ein reproduktives System erweist. Aus der Funktion "Produktion" entfaltet sich notwendig die Funktion der Reproduktion dann, wenn die produktive Natur in das ökonomische System hineingedacht wird. Sobald sie innerhalb des ökonomischen Denkens überhaupt Beachtung findet, schließt sich der ökonomische Ring in der Naturproduktivität gleichsam von selbst: Denn die lebendige Produktivität ist zugleich Gewordenes (natura naturata), und das lebendige Produkt ist zugleich Werdendes (natura naturans). Die Ökonomie, die das Lebendige wahrnimmt, kennt die Produktion nicht, ohne zugleich auch die Reproduktion zu erkennen und vice versa.

Es liegt daher auf der Hand, daß das physische Reproduktionsmodell über die zwei für das ökonomische Produktionsmodell so zentralen Funktionssysteme, Produktion und Konsumtion, hinaus eine dritte Funktion in sich einschließt: die Reduktion.

Die Struktur des physischen Reproduktionsmodells ist zyklisch. Sie hat die Gestalt eines Ringes. Die drei zentralen Funktionssysteme des physischen Reproduktionsmodells sind: Produktion, Konsumtion und Reduktion.

3.1.1 Das Reproduktionsmodell in der Ökosystemtheorie

Die Struktur und die Funktionen des Reproduktionsmodells, wie es sich als Antwort auf die Frage nach der physischen Dimension ökonomischen Handelns herausgebildet hat, weist unverkennbar auf das Energieflußmodell in der Ökosystemtheorie hin[4].

Auch die Ökosystemanalyse unterscheidet bei der Beschreibung ökologischer Systeme zwischen strukturellen und funktionellen Aspekten. Unter dem Gesichtspunkt ihrer trophischen Gliederung (Gliederung nach Nahrungsgruppen) lassen sich ökologische Systeme als ein Zusammenwirken von drei Funktionseinheiten - den Produzenten, den Konsumenten und den Reduzenten (Destruenten, Transformanten) - darstellen. Zwischen diesen drei Funktionen laufen die Stoff-, Energie- und Informationsflüsse im Ökosystem ab.

So wird die Struktur des Ökosystems drei- bis fünfgliederig beschrieben:

Produzenten (Primärproduktion P_1) sind die grünen Pflanzen, die mit Hilfe der Sonnenenergie anorganische Substanzen in organische Substanz umwandeln (Photosynthese) und damit die Nahrungsgrundlage für alle folgenden konsumtiven Prozesse schaffen.

Die Primärkonsumenten (K_1), die heterothrophen Organismen, wandeln die organische Substanz der grünen Pflanzen in arteigene organische Substanz um und schaffen damit wiederum die Nahrungsgrundlage für die Sekundärkonsumenten. Die Konsumtion 1. Ordnung läßt sich daher auch als Produktion 2. Ordnung (Sekundärproduktion) darstellen ($K_1 = P_2$). Auf der Stufe der Sekundärkonsumenten wird wiederum die Nahrungsgrundlage für die Tertiärkonsumenten produziert ($K_2 = P_3$ usw.).

Zugleich werden auf allen produktiven und konsumtiven Stufen der ökosystemaren Prozesse durch Atmung, Ausscheidung und Absterben jene Produkte erzeugt, die unmittelbar als Ausgangsmaterialien in die Reduktionsprozesse (Transformation durch Zersetzungsprozesse) eingehen.

Drittes Funktionssystem ökosystemarer Abläufe ist daher die Gruppe der Transformanten (Reduzenten, Destruenten): Bakterien und Pilze haben die Fähigkeit, die aus den produktiven und konsumtiven Prozessen hervorgegangenen Produkte stofflich umzubauen oder abzubauen (R = K). Ihre Tätigkeit wiederum dient dazu, diejenigen anorganischen Substanzen zu produzieren, die für die grünen Pflanzen (Produzenten) lebensnotwendig sind - die die Basis für den Prozeß der Photosynthese, innerhalb welcher anorganische Substanzen mit Hilfe von Sonnenenergie zu

---

[4] Vgl. Odum 1980, 95 ff., Odum, Reichholf 1980, 66 ff.

organischer Substanz umgebaut werden, darstellt (R = P_0). Der ökosystemare Prozeß kann nunmehr von neuem beginnen (Abb. 2)[5].

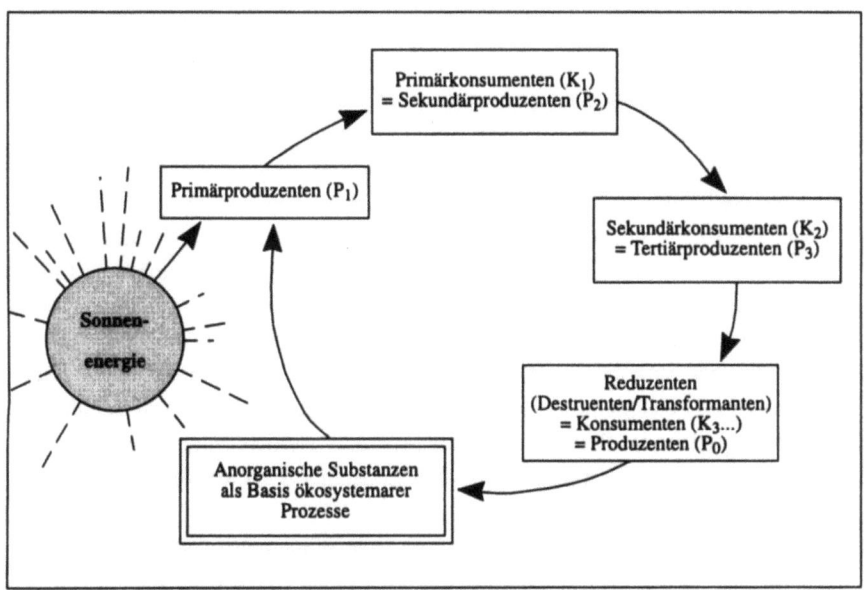

Abb.2: Das ökosystemare Reproduktionsmodell

Anhand des ökosystemaren Modells läßt sich die zyklische Struktur physischer Prozesse, wie sie auch für das Reproduktionsmodell kennzeichnend ist, verdeutlichen. Dabei erweist sich zugleich der Doppelcharakter der einzelnen Funktionseinheiten als ein typisches Merkmal physischer Systeme. Denn auch für die ökosystemaren Prozesse gilt, daß eine sinnvolle Unterscheidung zwischen den Funktionen - Produktion und Konsumtion sowie Konsumtion und Reduktion und schließlich zwischen Reduktion und Produktion - kaum möglich ist.

Primär produktiv ist der Prozeß der Photosynthese der grünen Pflanzen (P_1). Die Tätigkeiten der Sekundär- und Tertiärproduzenten lassen sich dagegen zweifach beschreiben: Aus der Perspektive der Produzenten sind sie konsumtive Prozesse, während sie für die nachfolgenden Nahrungsgruppen produktive Prozesse bedeuten, denn hier wird organische Substanz produziert (K_1 - K_2... = P_2 - P_3...).

---

[5] Über die Detritus-Nahrungskette sind verschiedene Ökosysteme miteinander verbunden (Odum, Reichholf 1980, 74 f.) Aus Gründen der Übersichtlichkeit wird in Abb. 2 auf die Darstellung ökosystemarer Vernetzungen ganz verzichtet.

Gleichzeitig aber wird durch diese konsumtiven (und zugleich produktiven) Prozesse diejenige stoffliche Basis erzeugt, die die unmittelbare Lebensgrundlage für die Reduzenten (R) darstellt. Diese wiederum stellen die Ausgangsbedingungen für die Photosynthese als den primären Produktionsprozeß her, verhalten sich also auf diese Weise produktiv zum Gesamtsystem[6].

Für ökologische Systeme gilt also, daß die konsumtiven Prozesse zugleich produktiven Charakter haben als auch unmittelbar dazu beitragen, die reduktiven Prozesse vorzubereiten. Diese wiederum lassen sich zugleich als konsumtive Prozesse mit Blick auf die Konsumenten im Ökosystem und als produktive Prozesse mit Blick auf die Primärproduktion beschreiben.

Aufbauprozesse und Abbauprozesse liegen in der ökologischen Natur also so dicht beieinander, daß sie als solche kaum voneinander unterscheidbar und physisch funktionell nicht voneinander trennbar sind. Ja, wir können sagen, daß jedes Element, das in lebendige Prozesse einbezogen ist, Aufbau- und Abbauprozesse zu durchlaufen hat. Erst die unmittelbare Verbindung von Produktions- und Reduktionsprozessen - das Ineinandergreifen der produktiven und reduktiven Tätigkeiten in der Natur -, läßt das System als Ganzes produktiv werden. Naturproduktivität ist also gekennzeichnet durch Produktion und Konsumtion als Reduktion, wobei alle diese Funktionen eine Einheit bilden.

Vor diesem Hintergrund aber beginnt die Unterscheidung zwischen "Produzenten", "Konsumenten" und "Reduzenten" (Transformanten), wie sie für die Ökosysteme getroffen wird, zu schillern: Ja, die Art und Weise, wie das Ökosystem funktionell gegliedert ist, erscheint bei näherem Hinsehen anthropomorph. Denn, indem wir das Ökosystem unter dem Blickwinkel seiner trophischen Struktur betrachten, gerät es zusehends zu einer Gestalt, die in wesentlichen Punkten mit dem ökonomischen Modell identisch wird: Die Unterscheidung zwischen Produzenten (Unternehmen) und Konsumenten (Haushalte), wie sie seit mehr als 200 Jahren für das ökonomische Kreislaufmodell grundlegend ist, spiegelt sich in der Ökosystemtheorie - erweitert um die Funktion der Reduzenten - nahezu analog wider.

Doch läßt sich diese Übersetzung aus der Sphäre des ökonomischen Systems in die Sphäre des Naturhaushaltes durch die Wirklichkeit der Beziehungen zwischen den Nahrungsgruppen überzeugend begründen? Wenn es richtig ist, daß das Geheimnis der Naturproduktivität seinem Wesen nach in der Tatsache verborgen liegt, daß die Natur den Unterschied zwischen Aufbauprozessen und Abbauprozessen gar nicht kennt, dann ist der ökonomisch geprägte Blick auf die Struktur des Ökosystems wenig hilfreich. Denn, indem zwischen "Produktion" auf der einen und "Konsumtion" und "Reduktion" auf der anderen Seite getrennt wird, stellt sich ein analytisches Modell her, das die Doppelcharaktere der Funktionseinheiten, nämlich

---

[6] Vgl. Odum, Reichholf 1980, 67.

die Verbindung von Auf- und Abbauprozessen in jeder einzelnen der ökologischen Funktionen, nahezu unsichtbar macht. Sollte es aber gerade diese Verbindung sein, auf die es in bezug auf die ökologische Produktivität ankäme, dann führt der anthropomorphe, dem tradierten ökonomischen Denken im Grunde noch verpflichtete Blick auf das Ökosystem zu Verzerrungen: Die Folgen dieser Verzerrung aber spüren wir vor allem dann, wenn wir nach den physischen Bedingungen unseres eigenen Handelns fragen.

Denn es sind ja gerade die Aufbau- und Abbauprozesse der einzelnen Funktionsgruppen in den ökologischen Systemen, die in ihrer dialektischen Einheit dafür sorgen, daß der ökosystemare Prozeß als ganzer produktiv wird: Die Tätigkeit der Bakterien, die die organischen Substanzen zersetzen, um daraus die materielle Grundlage für das Entstehen neuer Substanzen zu schaffen, ist daher genau genommen um nichts weniger produktiv als die Photosynthese. Das eine wie das andere sind Formen von Naturproduktivität. In der Natur wird die Unterscheidung zwischen Aufbau- und Abbauprozessen redundant. Ausgerechnet jenes Phänomen, das wir für den anthropogenen Reproduktionsprozeß ökonomisch nicht sehen, blenden wir ebenfalls aus, indem wir unser Bewußtsein von der Struktur des Ökosystems an der Trennung der Funktionen orientieren. Wenn wir ökonomisch wissen wollen, was wir physisch tun, ist es die dialektische Einheit von Aufbau- und Abbauprozessen - von Produktion und Reduktion -, die wir in ihrer ganzen Tragweite verstehen müssen.

Wir können also festhalten, daß die drei Funktionseinheiten, wie wir sie für das physische Reproduktionsmodell als kennzeichnend erkannt haben, ihre Entsprechungen innerhalb des ökosystemaren Modells finden. Auch hier gelten Produktion, Konsumtion und Reduktion als die mit Blick auf die Produktivität des ganzen Systems zentralen Funktionen. Dabei läßt sich jedoch vor dem Hintergrund dessen, was wir über das ökosystemare Modell wissen, für die einzelnen Funktionseinheiten sagen, daß sich in ihnen Aufbau- und Abbauprozesse miteinander verbinden. Ja, insbesondere für die Konsumtion wird deutlich, daß sie sich sowohl als Produktion als auch als Reduktion beschreiben läßt: Innerhalb des physisch ökonomischen Systems wird durch Konsumtion Leben und Lebenskraft produziert; innerhalb des Ökosystems bedeutet Konsumtion auf allen Ebenen Produktion organischer Substanz. Als Reduktion erscheint die Konsumtion im Kontext des physisch ökonomischen Prozesses insoweit, als hier die Produkte stofflich umgebaut und aufgetrennt werden; aber auch für den ökosystemaren Prozeß gilt, daß die Konsumenten die Tätigkeit der Reduzenten unmittelbar vorbereiten, indem sie die stoffliche Grundlage für die Reduktionsprozesse schaffen.

3.1.2 Das Reproduktionsmodell in der Ökonomie

Struktur und Funktionsweise des Ökosystems lassen nunmehr auf den physischen Verlauf des Modells ökonomischen Handelns schließen. Das Reproduktionsmodell läßt sich jetzt genauer beschreiben. Wir haben schon sehen können, daß die zyklische Gestalt des Reproduktionsmodells, wie sie sich auf Grundlage der zuvor dargelegten Überlegungen herausgebildet hat (vgl. Kapitel 2), dem ökosystemaren Modell in wesentlichen Merkmalen entspricht: So läßt sich Herstellung physisch von Wiederherstellung nicht trennen. Der physische Prozeß ökonomischen Handelns schließt sich, wie der ökosystemare Prozeß auch, zu einem Ring zusammen.

Doch wenn im Bereich der Ökonomie von Reproduktion gesprochen wird, handelt es sich meist um die monetäre Reproduktion. Beim Einsatz etwa eines Kapitals von einer Millionen Mark in einem Unternehmen wird davon ausgegangen, daß nach Beendigung einer Produktionsperiode dieses Kapital nicht nur vollständig reproduziert werden konnte, sondern daß darüber hinaus ein Nettogewinn realisiert, also eine erweiterte Reproduktion erreicht werden konnte. Die monetäre Reproduktion gilt in der Wirtschaft als Mindestleistung, mit der sich kein Unternehmer zufrieden geben kann. Wenn ein Unternehmen dieses Unterziel verfehlt, schreibt es rote Zahlen und wird nicht lange existieren können.

Monetäre Reproduktion kann aber nur gewährleistet werden, indem physische Qualitäten in Waren und in Werte transformiert werden. Das Streben nach monetärer Reproduktion und insbesondere nach erweiterter monetärer Reproduktion steht daher in einem direkten und folgenschweren Konkurrenzverhältnis zur physischen Reproduktion. Dies dürfte unmittelbar einleuchten, weil die Produktionsbetriebe dadurch, daß sie möglichst viel kostenlose Naturproduktivität in Geldwerte umformen und gleichzeitig durch den Verzicht auf Wiederherstellung naturaler Qualitäten erheblich Kosten einsparen, ihre monetäre Reproduktion zu Lasten der physischen erreichen können. Die Naturproduktivität liefert den Betrieben eine scheinbar unendliche Quelle an tauschwertfähigen Produkten, und es scheint keine Schranke und keine Grenze für das Maß der Naturaneignung zu geben, solange die Wirtschaftssubjekte die Naturressourcen zwar nutzen dürfen, aber für ihre Wiederherstellung nicht aufkommen müssen. Bei dieser Grundstruktur der Wertproduktion durch Naturaneignung besteht ein eindeutiger und folgenreicher Widerspruch: Die monetäre Reproduktion kann gewährleistet werden durch systematische Störung und Vernichtung physischer Reproduktion.

Der Widerspruch zwischen monetärer und physischer Reproduktion ist für die Gesellschaft sowohl qualitativ als auch zeitlich nur begrenzt auszuhalten, weil sie dabei zum Zweck der Wertproduktion ihre Natur- und Lebensgrundlagen gefährdet. Sie muß diesem Widerspruch möglichst schleunig dadurch begegnen, daß sie Strategien entwickelt, monetäre und physische Reproduktion in einem Zielbündel zusammenzubringen. Dieses Zielbündel ist grundsätzlich kompatibel, weil kein soziales Gesetz und kein Naturgesetz vorschreiben, daß Geldwerte nur dann produziert werden können, wenn Naturwerte dabei vernichtet werden. Es ist daher eine Frage und eine Aufgabe der gesellschaftlichen Organisation, die Einheit von Wirtschaftsprozeß und Naturprozeß so zu praktizieren, daß die naturale Reproduktion durch ihr ökonomisches Gegenüber nicht vernichtet, sondern genau umgekehrt durch ökonomische Handlungen und durch technologische Gestaltungen hergestellt wird.

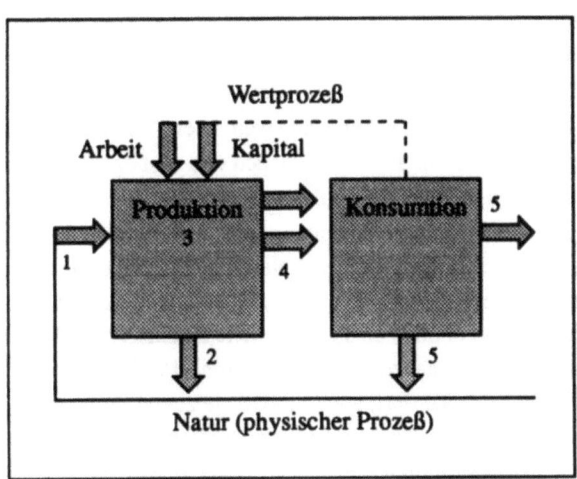

Alte Strategie

1 Kostenlose Inputs
2 Kostenlose Outputs
3 Natur kein Produktionsfaktor
4 Negative Qualität
5 Kostenlose Outputs

Neue Strategie

1 Wiederherstellung
2 Materialökonomie
3 Mitproduktivität Natur
4 Produktqualität
5 Kreislaufökonomie

Abb. 3: Ansatzpunkte zur reproduktiven Ökonomie

Aus Abbildung 3 geht hervor, daß die traditionale Ökonomie ein viel zu verkürztes Verständnis von den produzierenden Naturzusammenhängen hat. Es geht ihr eigentlich nur darum, an den Schnittstellen des Betriebes zur äußeren Natur möglichst günstige Input- und Outputbeziehungen herzustellen, was konkret heißt, daß möglichst viel billige Natur vereinnahmt wird und möglichst wenig Wiederherstellungskosten aufgebracht werden sollen. Demgegenüber verlangt eine neue ökonomische Strategie der gleichzeitigen Reproduktion der Natur nicht einen Appell zur Ressourcenschonung, sondern ein systematisches Eingehen des Wirtschaftsprozesses auf die Funktionen und Funktionszusammenhänge der naturalen Reproduktion.

35

Es geht also darum, über die tradierten Wirtschaftssektoren der Produktion und Konsumtion hinaus nach den Bedingungen der naturalen Produktivität zu fragen und dabei zu erkennen, daß gesellschaftliche Produktion und Konsumtion ihrerseits nur leistungsfähig bleiben, wenn der Wirtschaftsprozeß entschieden dafür sorgt, daß die dafür erforderlichen Funktionssysteme der ganzen produzierenden Natur erhalten werden. In einfachen Worten: Wer Fische essen will, darf nicht nur Fischerboote losschicken und Netze auswerfen, sondern muß zuallererst für die Fischbestände und die Qualität der Gewässer sorgen.

Eine wirtschaftspolitische Konzeption mit dem Ziel, durch ökonomisches Handeln die Einheit von monetärer und physischer Reproduktion zu erreichen, verlangt also von der Wirtschaft und ihren Handlungssubjekten eine ganz präzise Kenntnis der Struktur und der Funktionsweise der Ökosysteme, soweit sie vom Produktions- und Konsumtionsprozeß betroffen sind. Es gilt also, weit über Produktion und Konsumtion im engen traditionalen Sinne hinauszuschauen und zu begreifen, daß jedes Produkt, das die Betriebe zu "erzeugen" glauben, tatsächlich einen sehr gro- ßen Anteil Naturproduktivität enthält. Genauso ist einzuräumen, daß jedes Produkt, das ein Konsument verzehrt, im physischen Sinn lediglich transformiert wird und seine materiellen Bestandteile ohne jeglichen Verlust den Ökosystemen angehören. Abfall ist nichts anderes als Stoffaufkommen an anderer Stelle in anderer Qualität.

Schließlich ist zu bedenken, daß die ganze Natur nicht nur als Produktionsstätte von Wirtschaftsgütern betrachtet werden darf, sondern daß sie zuerst Lebensraum und Lebensgrundlage für alle Formen des Lebens darstellt, unter denen das menschliche Leben nur eines ist. Der Erhalt der ganzen Natur ist der eigentliche Sinn einer reproduktiven Wirtschaft. Das ökonomische Interesse an der Naturnut- zung hat dieses Primat des wirtschaftlichen Tuns unbedingt einzuhalten. Erst auf dieser ethisch-naturalen Basis unserer Handlungen eröffnet die verstandene Natur ihren riesigen Reichtum zur wirtschaftlichen Nutzung und Gestaltung für die Men- schen und ihre Gesellschaften.

3.1.3 Die Struktur des Reproduktionsringes

Wir haben gesehen, daß mit Blick auf die physische Dimension wirtschaftlichen Handelns - wie mit Blick auf die Funktionen im Ökosystem auch - der Prozeß der Reproduktion die Gestalt des Reproduktionsringes annimmt (vgl. Abb. 4). Es sind vier Funktionseinheiten, die sich zu einer Ringstruktur zusammenfügen:

1. Produktion als anthropogene Produktion setzt die naturale Produktion voraus. Sie erscheint vom physischen Standpunkt her als ein konsumtiver Prozeß und rückt daher an die zweite Stelle innerhalb des Reproduktionsringes: Anthropogene Pro- duktion (P_2) ist ein produktiver und ein konsumtiver Prozeß ($P_2 = K_1$).

2. Die anthropogene Konsumtion (K) stellt sich innerhalb des Reproduktionsringes als Produktion von menschlichem Leben (P_3) und als ein Prozeß der stofflichen Auftrennung und Zerlegung anthropogener Produkte innerhalb eines einzigen Prozesses dar. Als reduktiver Prozeß bereitet die Konsumtion die naturale Reduktion unmittelbar vor. Die anthropogene Konsumtion ist daher innerhalb des Reproduktionsringes die erste Stufe der physischen Reduktion ($R_1 = K = P_3$).

3. Die naturale Reduktion (R_2) ist als die Gesamtheit aller stoffumbauenden und stoffabbauenden Prozesse eine primär ökologische Funktionseinheit. Sie ist jedoch vorzubereiten und zu steuern durch auf sie gerichtete Tätigkeiten des Menschen - Tätigkeiten, die unmittelbar auf die produktive Rückführung der anthropogen transformierten Stoffe in den Naturhaushalt abzielen. In der Reduktion verbindet sich daher die Tätigkeit des Menschen mit der der Natur, wobei die letztere primär bleibt. Das Ergebnis dieser Verbindung ist (wie im ökosystemaren Modell auch) Naturproduktivität als Naturprodukt. Unter diesem Gesichtspunkt läßt sich von Reduktion als Produktion (Produktion "nullter" Ordnung) sprechen ($R_2 = P_0$).

4. Schließlich ist die naturale Produktion (P_1) als die Gesamtheit aller physisch produktiven Prozesse zugleich Ergebnis und Ausgangspunkt des gesamten Reproduktionsringes.

Es läßt sich also festhalten, daß der Reproduktionsring als ein an der Physis orientiertes ökonomisches Modell strukturell und funktionell auf das Modell des Ökosystems bezogen ist und es mit Blick auf zwei Merkmale integriert: Die zyklische Struktur des Reproduktionsringes entspricht der zyklischen Struktur lebendiger Prozesse. Sie ist prinzipiell als Einheit von Produktion und Reproduktion sowie als ineinander übergehende, physisch nicht voneinander trennbare Einheit der Aufbau- und Abbauprozesse aufzufassen. Ausgehend von dieser Überlegung haben wir von den Doppelcharakteren der jeweiligen ökosystemaren Funktionseinheiten gesprochen, die ihre genaue Entsprechung schließlich in der Struktur des Reproduktionsringes erfahren. Die Funktionseinheiten Produktion und Reduktion treten jeweils zweifach auf: als primär naturale Funktion (P_1 und R_2) und als primär anthropogene Funktion (P_2 und R_1).

Dies aber bedeutet in der Konsequenz, daß der Reproduktionsring das ökosystemare Reproduktionsmodell gleichermaßen enthält und es zugleich in einem entscheidenden Punkt erweitert, indem er die (trophischen) Funktionseinheiten in ihren jeweiligen Doppelfunktionen (Produktion und Reduktion) in den Vordergrund stellt.

Wir haben anhand des ökosystemtheoretischen Modells sehen können, welche Kapriolen unser Verstand zu schlagen imstande ist: Unbewußt werden Paradigmen von der einen in die andere Sphäre - hier von der ökonomischen in die ökosystemare Analyse und Modellbildung - hinüberprojiziert. Wir sind offenbar außerstande zu erkennen, wie die Natur außer uns ist. Wir wissen über die Natur gerade nur so viel, wie uns unser Verstand über das, was sie uns ist, preisgibt. Aus diesem unauflösbaren Dilemma der begrenzten und interessengeleiteten menschlichen Erkenntnisfähigkeit aber gilt es, die richtigen Folgerungen zu ziehen. Wenn jedes Modell von der physischen Wirklichkeit jene "richtig" und "falsch" zugleich abbildet, gilt diese Bedingung selbstverständlich auch für das an dieser Stelle entfaltete Modell: für den Reproduktionsring.

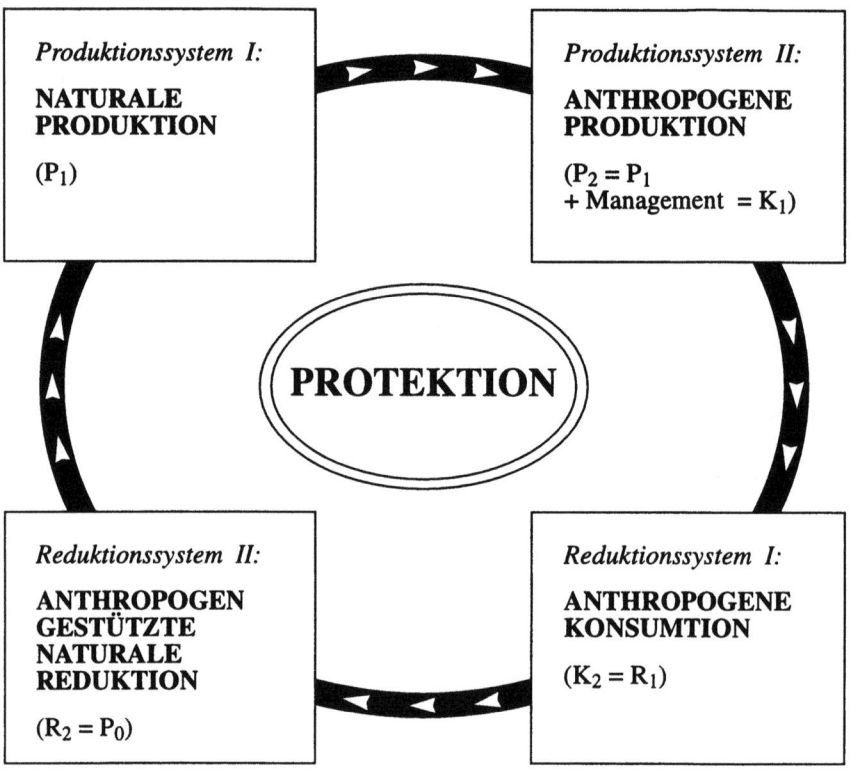

Abb. 4: Der Reproduktionsring

Unsere Antwort auf dieses nicht auflösbare Dilemma kann daher nur die sein, daß wir eine Funktionsbasis in das Modell einfügen, die uns gleichsam die Chance eröffnet, Fehlentscheidungen, die aufgrund der Verzerrungen des Denkens und aufgrund unserer prinzipiell begrenzten Erkenntnisfähigkeit zwangsläufig auftreten würden, zu vermeiden oder aber zumindestens korrigieren zu können. Es gilt also, das unvermeidlich "falsche" Bewußtsein in das Modell zu integrieren, um auf diese Weise ökonomische Entscheidungen in einem hohen Maße "fehlerfreundlich" gestalten zu können. Aus diesem Grunde haben wir die Funktionsbasis Protektion in das Modell Reproduktionsring eingefügt.

Protektion ist hier zu verstehen als ein Mittel der Naturgestaltung - eine Form der Naturgestaltung, die sich des Prinzips der Naturerhaltung bedient: Indem wir einzelne Elemente und Funktionen des Naturhaushaltes a priori von der ökonomischen Nutzung ausnehmen, installieren wir einen Korrekturmechanismus innerhalb des Systems, der es uns ermöglicht, die prinzipielle Ungewißheit über die ökologischen Folgen unseres Handelns dem ökonomischen Reproduktionsprozeß vorauszusetzen. Das Protektionsprinzip wird daher an dieser Stelle zu einem aktiven Prinzip - zu einem Gestaltungsprinzip. Wo genau es zu verorten ist, und wie es im einzelnen anzuwenden sein wird, werden wir im folgenden explizit erörtern (vgl. Abschnitt 3.3).

Der Reproduktionsring ist ein ökologisch-ökonomisches Modell. Seine Bedeutung für das ökonomische Denken und Handeln kann sich insbesondere darauf stützen, daß hierin der ökologische und der anthropogene Haushalt auf der physischen Ebene unmittelbar miteinander verbunden sind. Dieses Merkmal kennzeichnet den Reproduktionsring als ein Modell reproduktiver Ökonomie, dessen Wirtschaftlichkeitsbegriff dem Prinzip der Nachhaltigkeit verpflichtet ist (vgl. Kapitel 6).

Indem wir die einzelnen Funktionseinheiten des Ringes im folgenden betrachten, wird deutlich, auf welche Weise sich der anthropogene und der ökologische Haushalt in dem Modell Reproduktionsring als eine Einheit konstituieren.[7]

3.2 Der Reproduktionsring und seine Funktionseinheiten

3.2.1 Das naturale Produktionssystem (P_1)

Alles, was wir über das Wesen der produktiven ökologischen Natur wissen und alles, was wir darüber nicht wissen, weist auf die Schwierigkeit hin, Naturproduktivität als einen objektiven, naturwissenschaftlich gesicherten Begriff zu fassen. Diese Schwierigkeit wird zu einer Unmöglichkeit dann, wenn wir nach der Naturproduktivität als einer Funktionseinheit innerhalb eines ökonomisch-ökologisch integrierten Modells - innerhalb des Reproduktionsringes - fragen. Denn hierfür

---

[7] Im Modell werden aus Gründen der Anschaulichkeit jene physischen Prozessen, die zwischen den Funktionseinheiten "quer" zu der zyklischen Struktur ablaufen, nicht dargestellt: So können beispielsweise produktionsbedingte Abfälle und Emissionen, durch die eine unmittelbare Verbindung von P_2 nach R_2 gegeben ist, sowie Recyclingprozesse (Rückkoppelung: R_2 - (R_1) - P_2) im Modell (vgl. Abb. 4) nicht explizit berücksichtigt werden.

gilt erst recht: Das Wissen über das naturale Produktionssystem (P_1) basiert auf Werturteilen, die sich kontinuierlich modifizieren und erneuern. Aus zwei Gründen kann dies auch anders nicht sein:

Erstens ist unser Wissen um die Strukturmerkmale und die Funktionsweisen ökologischer Systeme und Prozesse begrenzt. Der Begriff von der Naturproduktivität ist daher nichts anderes als ein Ausschnitt dessen, was ökologische Naturproduktivität ist: ein prinzipiell vorläufiger Begriff.

Zweitens kann Naturproduktivität als eine Funktionseinheit innerhalb des Reproduktionsringes nicht allein naturwissenschaftlich begriffen werden, denn das Modell selbst integriert bereits die ökologische und die ökonomische Sphäre. Seine Bedeutung erhält es insbesondere, weil es als ein Modell ökonomischen Denkens und Handelns dem Leitbild des nachhaltigen Wirtschaftens entspricht. Der ökosystemtheoretisch geprägte Begriff von "Produktivität", der sich allein auf die Produktion von Biomasse und Energie bezieht, reicht mit Blick auf die Funktion des naturalen Produktionsmodells als funktionelle Einheit innerhalb des Reproduktionsringes nicht aus[8]. Wenn wir nach den produktiven Leistungen der ökologischen Natur für den ökonomischen Haushalt der Menschen fragen, greift dieses Verständnis von der ökologischen Produktivität zwangsläufig zu kurz. Der Nutzen, den die menschliche Gesellschaft aus den ökologischen Prozessen zieht, geht weit über einen nur naturwissenschaftlichen Begriff von der Produktivität der Ökosysteme hinaus.

Wenn wir also von Naturproduktivität in der Bedeutung der Funktionseinheit P_1 innerhalb des Reproduktionsringes sprechen, ist grundsätzlich nicht von einer naturwissenschaftlichen Kategorie oder etwa von einer objektiven Größe die Rede. Im Gegenteil gehen wir davon aus, daß all das, was wir unter dem Begriff des Naturprodukts und der Naturproduktivität verstehen wollen, nichts anderes sein kann, als ein (womöglich recht kleiner) Ausschnitt dessen, was die Produktivität der ökologischen Natur in ihrer Gesamtheit ist. Wir müssen wissen, daß sich dieser Ausschnitt, den wir mittels unserer eigenen Erkenntnisfähigkeit auszuleuchten imstande sind, kontinuierlich verändert und daher vorläufigen Charakter hat. Ebenso kann es mit Blick auf die Funktionseinheit P_1 als ein Funktionssystem des Reproduktionsringes selbstverständlich nicht etwa um die Abgrenzung eines wert- und interessenfreien Begriffs von Naturproduktivität gehen. Soweit sie hier als eine Erweiterung des ökonomischen Produktivitätsbegriffes verstanden wird, läßt sich die Produktivität der ökologischen Natur nur als Resultat gesellschaftlicher Normbildungsprozesse begreifen. Zweck solcher Prozesse ist es, die gesellschaftspolitischen und insbesondere die ökonomischen Interessen in bezug auf die ökologi-

---

[8] Vgl. zu den Begriffen "Produktion" und "Produktivität" in der Ökosystemtheorie Odum 1980, 62 ff., Odum, Reichholf 1980, 70 ff.

schen Produktivitäten zu bündeln mit dem Ziel, begründete Qualitätsziele mit Blick auf den Zustand und die Funktionen des Naturhaushaltes festzulegen. Da aber ein solcher Normbildungsprozeß dynamisch verläuft, werden wir von Naturproduktivität nicht als von einer konstanten, unveränderlichen Größe ausgehen können: In Abhängigkeit von der menschlichen Erkenntnisfähigkeit und in Abhängigkeit von den menschlichen Interessen erneuert und konstituiert sich, was wir als Naturproduktivität auffassen. Grundlage ist vor allem auch der ökonomische Nutzen, den wir aus den naturalen Prozessen ziehen, indem wir die Produkte und die Leistungen der ökologischen Natur in Anspruch nehmen. Ein gesellschaftlicher Konsens über Naturproduktivität ist daher notwendig in stetigem Wandel begriffen - prinzipiell vorläufig, interessengebunden und ökonomisch begründet.

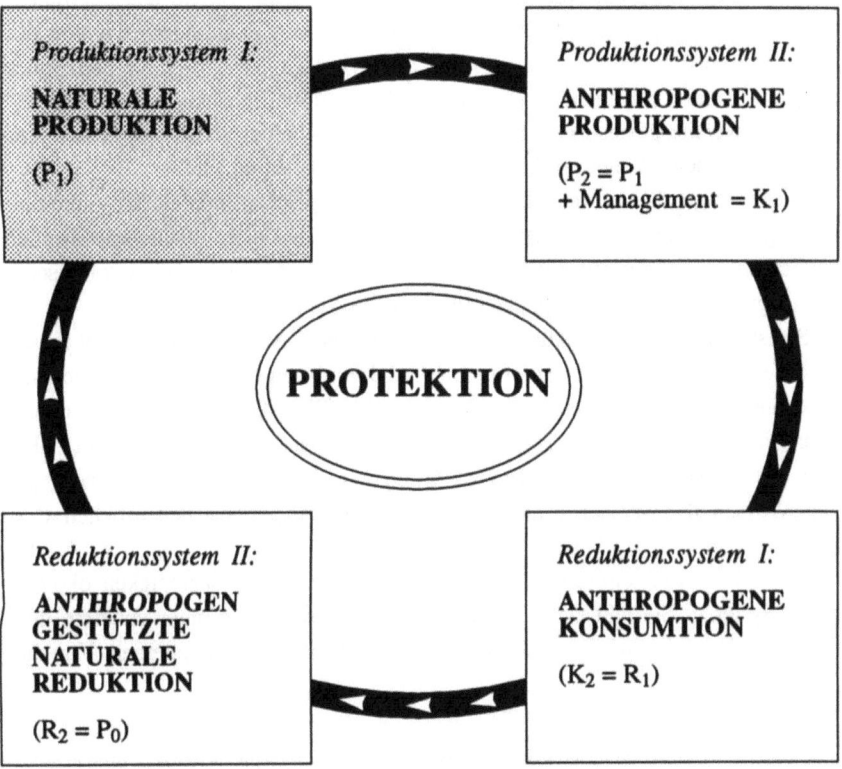

Abb. 5: Das naturale Produktionssystem im Reproduktionsring

Auf welche Merkmale und Eigenschaften ökologischer Systeme aber können sich Normbildungsprozesse, deren Ergebnis idealerweise ein Konsens über die Substanz dessen ist, was die wirtschaftende Gesellschaft als "ihre" historisch besondere Naturproduktivität auffaßt, berufen? Gefragt wird nach einem Indikatorensystem, das in einem so hohen Maße flexibel, korrigierbar und transparent ist, um der sozialen Gemeinschaft eine tragfähige Basis für die ökonomische Bewertung ihrer ökologischen Produktivkraft und ihres ökologischen Produktes sein zu können.

Können wir uns also bei der Entwicklung eines ökonomischen Begriffs von "unserer" historisch gewachsenen Naturproduktivität selbstverständlich auf nichts mehr beziehen als auf das, was wir über die Strukturen und über die Funktionen der Ökosysteme wissen, so gilt es doch, eine Verständigung über Qualitätsziele mit Blick auf die (möglichen) Zustände ökologischer Systeme sowie über Art und Zustand der Systemelemente zu erzielen. Basis eines solchen Verständigungsprozesses aber wäre zunächst eine qualitative, ökonomisch abgeleitete und begründete Aussage darüber, welche Leistungen (als ökologische Funktionen) wir von den ökologischen Prozessen jetzt und in Zukunft erwarten - welche ihrer Funktionen wir für den anthropogenen Haushalt als nützlich und wünschenswert betrachten[9].

Doch welche physischen Merkmale und Eigenschaften von Ökosystemen sind es, die von einem ökonomischen Standpunkt aus substantiell sind?

Diese Frage, die der nach dem geeigneten ökologischen Indikatorensystem notwendig vorausgeht, wird vollständig und abschließend nicht beantwortet werden können. Doch auf den ersten Blick schon ist die Bedeutung folgender ökologischer Systemgrößen für das anthropogene Wirtschaftssystem offensichtlich:

So ist erstens die Produktivität des ökologischen Systems (Produktivität im engeren Sinne als Biomasse- und Energieproduktion) von ökonomischem Interesse, denn anhand dieser Größe entscheidet sich schließlich Art und Menge der unmittelbar in den anthropogenen Haushalt einfließenden Naturprodukte. Zudem ist ökologische Primärproduktion ein Prozeß, durch den - im Unterschied zu anthropogenen Wirtschaftsprozessen - niederentropische Zustände dauerhaft erhalten werden[10].

Das zweite ökonomische Merkmal ist die Selbstregulationsfähigkeit ökologischer Systeme. Sie läßt sich kennzeichnen und beschreiben unter anderem über Eigenschaften wie Stabilität, Elastizität und Resilienz von Ökosystemen. Von die-

---

[9] Ökosystemare *Strukturen* (Zustandsgrößen) lassen sich beschreiben und bewerten anhand folgender Merkmale: abiotische Umweltparameter, Diversität genetischer Informationen innerhalb einzelner Arten, Artenvielfalt, Verknüpfung von Arten und Populationen (Nahrungsnetze u. a.), räumliche und zeitliche Verteilung der Arten. Ökosystemare *Funktionen* (Leistungen) lassen sich beschreiben und bewerten anhand folgender Merkmale: Primärproduktion (Autotrophie), Konsumation (Heterotrophie), Stoffkreisläufe, Stofflüsse, Energiefluß, Informationsflüsse, Evolution, Elastizität und Resilienz.

[10] Vgl. Odum, Reichholf 1980, 62.

sen Eigenschaften hängt es ab, ob, wie weit und in welcher Form anthropogen umgewandelte und mobilisierte Stoffströme produktiv in den Naturhaushalt wieder eingebunden werden können.

Drittens ist die Variabilität ökosystemarer Strukturen und Funktionen in Raum und Zeit von ökonomischem Interesse, denn mit Blick auf die Wiederherstellung der ökologischen Ausgangsbedingungen des anthropogenen Wirtschaftsprozesses ist diese Eigenschaft entscheidend.

Viertens schließlich gilt es, die Artenvielfalt, die Artenzusammensetzung, die räumliche und zeitliche Verteilung der Arten sowie ihre Bedeutung für das Gesamtsystem zu beachten. Denn Pflanzen- und Tierarten sind Naturprodukte, die direkte ökonomische Nutzen - gegenwärtige und zukünftige Nutzen - haben beziehungsweise haben können. Zudem ist der Artenbestand qualitativ und quantitativ einer der zuverlässigsten Indikatoren: Zustandsänderungen des Gesamtsystems lassen sich unmittelbar an der Zusammensetzung und Verteilung der Arten und ihrer Populationen erkennen. Eine ökologisch wirtschaftende Gesellschaft kann daher auf den vollständigen Erhalt der Arten nicht verzichten.

Wenngleich sich anhand der genannten ökosystemaren Merkmale und Eigenschaften lediglich exemplarisch veranschaulichen läßt, welches ökonomische Leistungspotential die ökologische Natur für die menschliche Wirtschaftsgesellschaft bereithält, so wird doch schon sichtbar, daß wir ausgehend von sozialen und ökonomischen Bedürfnisfeldern und Nutzen in der Lage sind, Indikatoren für die Beschreibung und Bewertung ökosystemarer Zustände und Funktionen zu benennen. Auf ein solches Fundament kann sich der gesellschaftliche Normbildungsprozeß über Ausmaß und Qualität der ökonomisch nützlichen und wünschenswerten Naturproduktivität stützen.

Doch unterwirft ein solcher, auf gesellschaftliche Wertbildungsprozesse rückbezogener Begriff von der Naturproduktivität nicht wiederum die ganze Natur dem anthropozentrisch orientierten und nur auf den eigenen unmittelbaren Nutzen starrenden ökonomischen Bewußtsein? Nein. Denn, indem wir der Frage nach der Produktivität der ökologischen Natur den Reproduktionsring als ein Leitbild und als ein ökonomisches Grundkonzept zugrunde legen, nehmen wir bereits eine um die ökologische Natur erweiterte Perspektive ein. Wir gehen dabei von der ökologischen Natur als von dem einzigen nutzenbringenden Vermögen, auf das die menschliche Wirtschaft aufbauen kann, aus. Sobald die ökologische Natur aber als die einzige Grundlage und Quelle ökonomischer Prozesse erkannt ist, wird sie notwendig zugleich zum Ziel ökonomischen Handelns. Es geht nunmehr nicht länger um die Unterwerfung der Natur unter den anthropogenen Nutzenkalkül, sondern die Gestaltung der ökologischen Natur entlang der vielfältigen Nutzen, die sie für die menschlichen Produktions- und Konsumtionsvorgänge bereithält, wird zum Ziel ökonomischen Handelns. Damit aber hebt sich der Konflikt zwischen anthropozentrischem und "ökozentrischem" Denken auf: Ein von den Interessen des menschlichen Haushaltes ausgehender Naturproduktivitätsbegriff ist zugleich ein naturzentrischer Produktivitätsbegriff und vice versa.

Ausgehend vom Modell reproduktiver Ökonomie läßt sich nämlich zeigen, daß keine einzige, uns bekannte ökosystemare Struktur- und Funktionseigenschaft ökonomisch ganz und gar ohne Bedeutung für das Gesamtsystem ist. Dies gilt für die abiotische Ausstattung sowie für die Artenbestände von Ökosystemen als Zustandsgrößen ebenso wie für die Stoffkreisläufe, die Energieflüsse oder die Resilienz ökologischer Systeme als Funktionsgrößen. Nichts von dem, was wir über das Wesen und die Eigenschaften ökologischer Systeme wissen, kann jenseits menschlicher Interessen liegen. Ja, für jede einzelne ökologische Systemeigenschaft ließen sich Qualitätsziele benennen, die sich auch auf eine ökonomische Begründung stützen könnten. Denn keine bekannte ökologische Leistung und kein bekanntes ökologisches Produkt bleibt im anthropogenen Wirtschaftsprozeß vollkommen ungenutzt.

Was uns unsere Erkenntnis ausschnitthaft über Wesen und Substanz der vielfältigen ökologischen Prozesse preisgibt, das beziehen wir in unseren Haushalt auch ein. Da dies jedoch in der Industriegesellschaft noch weitgehend ohne ein ökonomisches Bewußtsein über die Produktivität ökologischer Prozesse geschieht, stellt sich die Frage, ob und inwieweit ein solches Handeln ökonomisch auch klug ist, in diesem System erst gar nicht. So wissen wir zwar, daß auch das, was nicht unmittelbar in den ökonomischen Haushalt eingesogen wird, allein aufgrund seiner Existenz, die uns und den späteren Generationen die Option auf zukünftige Nutzungen offenhält, bereits eine unschätzbare ökonomische Bedeutung hat, doch in das industrieökonomische Denken geht dieses Wissen im allgemeinen nicht ein[11]. Gerade die ökonomische Bedeutung des Options- und Existenzwertes von Natur aber wird unmittelbar sichtbar, wenn wir den ökologischen Haushalt in das ökonomische Denken und Handeln hineinholen - ja, wenn wir ihn als Grundlage ökonomischen Handelns erkennen, wie dies auf der Basis des Reproduktionsringes geschieht.

Mit Blick auf den Reproduktionsring ist deutlich geworden, daß menschliches Wirtschaften nicht anders als in der Einheit mit der ökologischen Natur gedacht werden kann. Denn trennten wir im Prozeß der Normbildung über das, was uns Naturproduktivität (P_1) ist, auch nur einen einzigen ökosystemaren Aspekt heraus, müßten wir feststellen, daß jede weitere Funktionseinheit innerhalb des Ringes ebenso Lücken in Hinblick auf die produktiven oder reduktiven Funktionen aufwiese: So kann beispielsweise die Resilienz ökologischer Systeme auf der Seite der Naturproduktivität (P_1) nicht außer acht gelassen werden, weil wir uns spätestens dann unmittelbar gerade auf diese ökosystemare Eigenschaft beziehen, wenn

---

[11] Vgl. hierzu die Frage nach dem ökonomischen Nutzen der Artenbestände, Hampicke 1991, 1992.

wir nach der Reduktion der anthropogenen Produkte fragen (R_2). Eine ökosystemare Struktur- oder Funktionseigenschaft erhält also ihre produktive Bedeutung erst dadurch, daß sie ins Verhältnis zum Gesamtsystem gesetzt wird. Der Begriff von Naturproduktivität als zentralem Element im Modell reproduktiver Ökonomie läßt sich gerade nicht zurückstutzen auf die naive Bedeutung im Sinne des "Hervorbringens von Produkten". Ja, dieser Begriff hat nichts zu tun mit dem ökonomischen Begriff "Ertrag", da sich letzterer als zu eng erweist, wenn wir die mannigfaltige Pallette der ökonomischen Nutzen, die wir aus den ökologischen Prozessen ziehen, in die Waagschale legen.

Obgleich der Produktivitätsbegriff auch im Rahmen des Reproduktionsringes nicht losgelöst von dem anthropogenen Nutzenkalkül gesehen werden kann, hat er dennoch eine im Vergleich zum Nutzenbegriff des naiven industrieökonomischen Bewußtseins völlig verschiedene Qualität, denn er erhält seine Bedeutung erst innerhalb des Gesamtsystems. Um die zentrale Rolle des naturalen Produktionssystems (P_1) für das Gesamtsystem einer Ökonomie der Reproduktion zu verstehen, aber gilt es, die Naturproduktivität in jeder einzelnen Funktionseinheit aufzuspüren und sichtbar zu machen, um sie als diejenige Kategorie zu begreifen, die den ganzen Reproduktionsring gleichsam zusammenhält.

3.2.2 Das anthropogene Produktionssystem (P_2)

Was der industriellen Ökonomie als der einzige produktive Prozeß erscheint, die anthropogene Produktion, ist aus physisch ökonomischer Sicht, wie sie im Reproduktionsring verankert ist, nicht viel mehr als eine bloße Managementfunktion. Das anthropogene Produktionssystem hat die Aufgabe, die Produkte und die produktiven Leistungen ökologischer Natur in einer Weise miteinander zu verbinden und sie so geschickt zu koordinieren, daß dabei die den menschlichen Bedürfnissen entsprechenden Produkte entstehen können.

Dieser aus der Sicht der Konsumenten und Konsumentinnen des anthropogenen Systems produktive Vorgang stellt aus der natural-physischen Perspektive einen konsumtiven Prozeß dar. Denn haben wir einmal erkannt, daß dem anthropogenen Produktionssystem (P_2) die naturale Produktion (P_1) vorausgeht, so erscheint das anthropogene Produktionssystem innerhalb des Reproduktionsringes in einer anderen Funktion: Nicht die Herstellung von Produkten ist hier das Ziel menschlicher Tätigkeit, sondern zunächst geschieht an dieser Stelle nichts anderes, als daß Produkte und Produktivität aus dem ökologischen System herausgetrennt und auf eine andere Weise zueinander in Beziehung gesetzt werden. Die anthropogene Tätigkeit beschränkt sich also, soweit sie nicht selbst als eine physische Kraft wirksam wird, auf eine Steuerungsfunktion ($P_2 = P_1$ + Management).

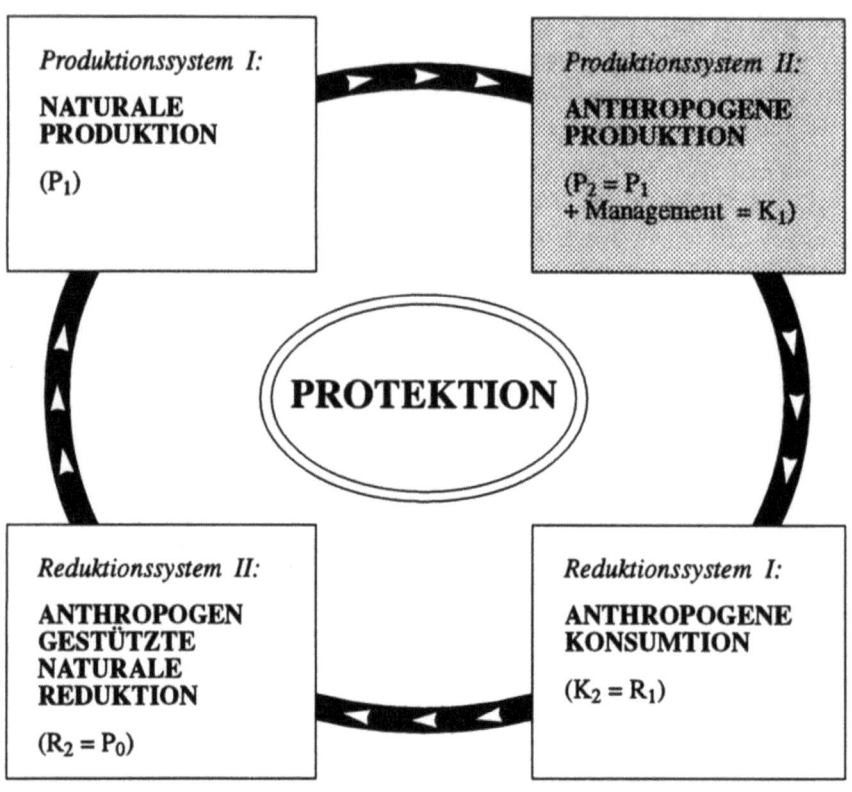

Abb. 6: Das anthropogene Produktionssystem im Reproduktionsring

Wir sind daran gewöhnt, produktive menschliche Tätigkeiten unter den Begriff "Arbeit" zu fassen und als solche zu verallgemeinern. Als Arbeit begreifen wir jene Tätigkeiten der Menschen, die als Lohnarbeit ökonomisch bewertet werden (Erwerbsarbeit). Dies gilt unabhängig davon, ob und inwieweit sie physisch oder intellektuell-steuernd wirksam ist. Nicht Arbeit sind dagegen der industrieökonomischen Wertlogik alle jene menschlichen Tätigkeiten, die sich außerhalb der Wertsphäre, also nicht als Lohnarbeit realisieren[12]. Dies gilt für die Bewirtschaftung des privaten Haushaltes, für die Pflege und Erziehung der Kinder, für die Pflege sozialer Beziehungen sowie für den unmittelbaren Stoffwechselprozeß mit der ökologischen Natur Subsistenzwirtschaften ("Reproduktionsarbeiten").

---

[12] Vgl. hierzu auch Hofmeister 1994, 51 ff. und 1995, 51 ff.

Ausgehend vom Modell reproduktiver Ökonomie aber beginnt dieser abstrakt wertökonomisch konstituierte Arbeitsbegriff zu schillern: Denn indem die Reproduktion hiermit zur zentralen Kategorie und die (Wieder-)Herstellung der physischen Ausgangsbedingungen zum Ziel des wirtschaftlichen Handelns wird, erhält ausgerechnet jene menschliche Tätigkeit, die bislang überwiegend ökonomisch ausgeblendet wird, einen zentralen Stellenwert. Ja, wir können sagen, daß überall dort, wo sich die lebendige Kraft des Menschen unmittelbar in den Dienst der physischen und sozialen Reproduktion stellt, die Zentren reproduktiver Ökonomien entstehen.

Dabei läßt sich die Verausgabung physischer Kraft von der Management- und Steuerungsfunktion, die der Mensch innerhalb des Gesamtsystems der ökonomischen Reproduktion zu erfüllen vermag, unterscheiden - allerdings nur auf der analytischen Ebene. Denn praktisch ist menschliche Tätigkeit als Verausgabung von physischer Kraft von menschlicher Tätigkeit als der reflexiven und steuernden Funktion des Intellekts nicht loszulösen. Ja, beides wird nur dann voneinander unterscheidbar, wenn die lebendige Tätigkeit des Menschen durch gesellschaftliche Konvention oder durch das falsche ökonomische Bewußtsein in diese Funktionstrennung hineingedrängt wird. Die Trennung von physischer und reflexiv-intellektueller Lebensäußerung gerät im Grunde in einen Widerspruch zur Natur des Menschen selbst - sie vollzieht sich als eine Spaltung mitten durch ihn hindurch.

Die einzigartige Fähigkeit des Menschen liegt vielmehr gerade in der Verbindung seiner Wirksamkeit als einer physischen Kraft (und in dieser Bedeutung als einer Naturkraft) und seiner Möglichkeit, das eigene Handeln zu reflektieren und intellektuell zu steuern. Auf dieser Verbindung beruht das menschliche Vermögen, wirtschaften zu können: Weil der Mensch sich auf seine "Doppelqualifikation", zugleich Physis zu sein und Physis zu organisieren, stützen kann und seine lebendige Tätigkeit darauf aufbaut, erhält er die einzigartige Chance, seine eigene Praxis mit Blick auf die Wiederherstellung des physisch-ökologischen Gesamtsystems Naturhaushalt zu lenken. Der Mensch hat als einziges Lebewesen die Fähigkeit, die Produktivität des Lebendigen bewußt und zielgerichtet zu pflegen, zu erneuern und zu gestalten. Durch den Menschen hindurch wird die biologische Evolution zu einem bewußten Prozeß. Denn der Mensch allein ist in der besonderen Lage, für die naturalen Bedingungen seiner eigenen Lebens- und Wirtschaftsprozesse auch das Management zu übernehmen.

Doch was ist Gegenstand des im anthropogenen Produktionssystem vollzogenen Managements? Was ist Ziel dieses auf die Natur gerichteten Prozesses, und welche Mittel stehen den Produzenten zur Verfügung, um diese Aufgabe zu bewältigen? Vereinfacht ließe sich sagen: Gegenstand des anthropogenen Produktionssystems ist alles, was die ökologische und die menschliche Natur an Produkten und Leistungen erzeugt. Tatsächlich verhält sich die industrielle Ökonomie, ohne es zu wissen, auf diese naive Weise. Der um das naturale Produktionssystem wissende

Produzent wird sich jedoch, wenn er seine eigene Tätigkeit in das durch den Reproduktionsring umschlossene ökonomisch-ökologische Gesamtsystem klug einzubinden versteht, anders verhalten. Denn er weiß um die Begrenztheit seines Wissens, und er weiß um das Ziel seiner Tätigkeit: Ihm geht es nunmehr nicht allein um die Nutzung des Naturprodukts, sondern zugleich auch um seine Herstellung. Seine Aufgabe ist nicht geringer, als Naturprodukte (Materie und Energie) und Naturprozesse (einschließlich der menschlichen Arbeit) physisch zueinander in ein Verhältnis zu setzen mit dem Ziel, wiederum fruchtbare Naturprodukte als Naturproduktivität (einschließlich der menschlichen Produktivität) zu erzeugen.

Was bisher als das einzige Ziel anthropogener Produktion erscheint - die Herstellung des Gebrauchswertes für den Konsum -, ist nunmehr fest verankert in ein über den Menschen hinausgehendes physisches Zielsystem. Die Herstellung und Erneuerung der menschlichen Lebenskraft als Produktivität ist Teil der Herstellung und Wiederherstellung der ganzen Naturproduktivität, in die der menschliche Organismus eingebunden ist. Insoweit handeln die Produzenten innerhalb des Reproduktionsringes ganz selbstverständlich ebenso mit Blick auf die menschlichen Bedürfnisse, wie es die industriellen Produzenten zu tun glauben. Allerdings unterscheidet diese von jenen, daß sie den menschlichen Organismus nicht isoliert von seinem ökosystemaren Zusammenhang sehen, sondern ihn als darin eingebunden begriffen haben.

Mit dieser erweiterten Zielsetzung verändert sich aber zugleich der Blick der Produzenten und Produzentinnen auf den Gegenstand ihrer Tätigkeit. Sie werden ökonomisch klug handeln dann, wenn sie nicht bewußtlos all das abschöpfen, was sie einmal an ökologischen Produkten und Leistungen in den Blick genommen haben. Denn die ökologische Natur wird nunmehr nicht einfach ausgeräubert, sondern sie wird entsprechend der menschlichen Bedürfnisse produktiv umgestaltet. Dabei kann es durchaus auch im menschlichen Interesse liegen, spezifische ökologische Produkte oder Eigenschaften der Ökosysteme gerade nicht der menschlichen Nutzung zuzuführen - ja, sie bewußt außerhalb des anthropogenen Produktions- und Konsumtionssystems zu belassen. Wir werden auf diese Frage an anderer Stelle noch einmal zurückkommen (vgl. Abschnitt 3.3).

Wenn aber Gegenstand und Ziel anthropogener Produktion die Naturproduktivität ist, was sind dann die Mittel, derer man sich bedient, um die hiermit gestellte Managementaufgabe erfolgreich zu bewältigen? Nun, Mittel sind jene, die der Ökonomie des Industriesystems historisch gerade noch als Zwecke erschienen waren: der Markt und der Plan.

Es mag auf den ersten Blick vielleicht verwundern, daß ausgerechnet diese beiden Kategorien, die bis vor kurzem noch für völlig unterschiedliche Wirtschaftssysteme und gesellschaftspolitische Werthaltungen standen, an dieser Stelle nicht nur in trauter Einheit daherkommen, sondern noch dazu von ihren ideologischen Podesten heruntergeholt und in die "Werkzeugkiste" gelegt werden sollen.

Doch bereits auf den zweiten Blick ist dies nicht nur konsequent, sondern auch anders gar nicht denkbar: Ja, im Grunde haben Markt und Plan ihre ideologische Karriere, die sie in der Vergangenheit als Repräsentanten zweier unterschiedlicher Wirtschaftssysteme gemacht hatten, vor allem der Tatsache zu verdanken, daß beide Wirtschaftssysteme von der ökologischen Natur als ihrer Grundlage und als ihrem Ziel keine Ahnung hatten. Bei genauerem Hinsehen wird sehr schnell sichtbar, daß beide Wirtschaftssysteme sich bei der Wahl ihrer Mittel praktisch auf beide Elemente bezogen haben: Die "Marktwirtschaft" bedient sich der Planung ebenso wie sich die "Planwirtschaft" zumindest partiell auch Marktmechanismen zunutze machte. Betrachten wir statt der volkswirtschaftlichen Systeme als ganze die ökonomischen "Zellen" dieser Systeme - die Betriebe und die Haushalte -, so ist es offenbar die Kombination aus Markt- und Planelementen, derer sich die Wirtschaftsakteure bedienen.

Dies ist auch nicht anders im Produktionssystem (P_2), wie es sich im Modell Reproduktionsring darstellt - allerdings mit dem Unterschied, daß weder der Markt noch etwa der Plan Zweck des tätigen Handelns sein kann, weil sich der Zweck entlang der physischen Rationalität bestimmt: Die Produktivität der ökologischen Natur wird organisiert und umgestaltet, indem man sich des Marktes und des Planes als Organisationsfunktionen bedient. So wird kein einziger Produzent seine Managementaufgabe erfüllen können, wenn er nicht über Planungsinstrumente, zum Beispiel über Stoff- und Energiebilanzen, verfügt und diese gewissenhaft anwendet. Dies gilt ebenso für die marktorientierten Instrumente, zum Beispiel. für eine den physisch, ökonomischen Zielen entsprechende kluge Preisgestaltung. Weder auf das eine noch auf das andere Werkzeug wird verzichtet werden können, wenn das eigentliche Ziel des Wirtschaftsprozesses - die Herstellung eines fruchtbaren Naturproduktes - erreicht werden soll.

Der Erfolg des anthropogenen Produktionssystems wird sich an der reproduktiven Qualität der Produkte entscheiden: Denn legen wir dem Modell reproduktiver Ökonomie die Erkenntnis zugrunde, daß vom physischen Standpunkt her Produktion und Reproduktion nicht voneinander trennbar sind, dann gilt dies selbstverständlich auch für jedes einzelne Produkt. Dessen Qualität wird sich daran messen lassen müssen, ob und inwieweit es dazu beizutragen vermag, daß sich innerhalb der Konsumtionssphäre die menschliche Lebenskraft wiederherstellt, und daß sich mit Blick auf den gesamten Prozeß die Lebenskraft der ganzen Natur wiederherstellt.

Aus dieser Perspektive aber ist ein Produkt dann von guter Qualität, wenn es nicht nur als solches in seine materiellen Bestandteile wieder zerlegt und in den Naturhaushalt auf produktive Weise wieder eingebunden werden kann (einfache physische Reproduktion), sondern zudem durch den Prozeß seiner Herstellung, seines Verzehrs oder seiner naturalen Reduktion Naturproduktivität nicht nur reproduziert, sondern möglichst auch verbessert werden kann (erweiterte physische

Reproduktion). So erschöpft sich beispielsweise die Nutzgartenwirtschaft nicht allein darin, gesunde und schmackhafte Nahrungsmittel für den menschlichen Verzehr hervorzubringen, die sich noch dazu produktiv wieder rückführen lassen in den Haushalt der Natur. Sondern Hortikultur schafft Lebensräume für die verschiedensten Pflanzen- und Tierarten, sie schafft Orte der Kontemplation und der physischen Regeneration für die Menschen, sie schafft schließlich ein unschätzbares Vermögen an ökologischen Produkten und Leistungen in physischer wie in ästhetischer Hinsicht[13]. Am Beispiel der Gartenwirtschaft läßt sich verdeutlichen, was die Einheit von Produktion und Reproduktion praktisch ist: Denn die Bewirtschafterinnen von Nutzgärten kämen gar nicht erst auf den Gedanken, beides voneinander trennen zu wollen. Sie schaffen die Bienenweide nicht um der Reproduktion der Bienen wegen, sondern sie tun es, indem sie die Früchte ihrer Gärten produzieren. Sie tun das eine mit dem anderen. Eine Trennung zwischen produktiven und reproduktiven Prozessen ist praktisch überhaupt nicht möglich. Wenn also von der reproduktiven Qualität der anthropogenen Produktionsprozesse als solcher oder der reproduktiven Qualität der hieraus hervorgehenden Produkte die Rede ist, so ist damit im wesentlichen nichts anderes gemeint als die bewußte Steuerung der mit der menschlichen Produktion verbundenen physischen Prozesse und Resultate.

Dies setzt allerdings voraus, daß die Produzenten und Produzentinnen es verstehen, ihre eigenen Tätigkeiten zu überschauen, daß sie sie zu dem gesamten Reproduktionsprozeß in Beziehung zu setzen vermögen. Nichts weniger gilt es zu erlernen, als das Denken nicht nur entlang der (anthropogenen) Produktlinie, sondern darüber hinaus: das Denken entlang der Naturproduktlinie. Denn wenn die Naturproduktivität als Ausgangsbasis und als Ziel menschlicher Ökonomie erkannt ist, kann das vorsorgende Überschauen der Produktlinie selbstverständlich nicht etwa dort schon enden, wo das Produkt verzehrt wird. Ja, es kann auch nicht an der Abfallbehandlungsanlage enden, sondern der gesamte Prozeß physisch-naturaler Reduktion bis hin zu seinem physischen Resultat muß vorausschauend in die ökonomischen Entscheidungen einbezogen werden.

Was aus industrieökonomischer Sicht nicht wahrgenommen wird - das ökologische Produkt -, gilt es aus Sicht reproduktiver Ökonomie, zum Zweck anthropogener Produktion zu machen und in das Zentrum der ökonomischen Entscheidungs- und Normbildungsprozesse zu stellen. Denn, wenn es das Ziel anthropogener Produktion (P_2) ist, ein Naturprodukt zu erzeugen, das mindestens die gleiche Produktivität (einfache ökologische Reproduktion) oder aber eine höhere (erweiterte ökologische Reproduktion) aufweist, als die in Anspruch genommene, dann gilt es, den gesamten physischen Prozeß bereits in der Entscheidung über das "Ob" und

---

[13] Vgl. zum Thema Hortikultur als Vorbild für vorsorgendes Wirtschaften, Inhetveen 1994, 22 ff.

das "Wie" der Produktion zu überschauen und ihr die Produktivität zugrunde zu legen. Erst wenn die Produzenten verstanden haben, daß sie, indem sie Produkte für den menschlichen Konsum erzeugen, zugleich Evolutionsprozesse gestalten und in Gang setzen, bekommt die Frage nach der reproduktiven Qualität ihrer Tätigkeit und der daraus hervorgehenden Produkte für sie einen Sinn.

3.2.3 Die anthropogene Konsumtion als Reduktionssystem (R_1)

Zweck der Konsumtion ist es zum einen, das menschliche Leben und die von ihm ausgehende physische Produktivität herzustellen und zu erneuern. Zum anderen aber beginnt mit dem Prozeß der Konsumtion die physische Rückführung der durch das anthropogene Produktionssystem hervorgebrachten Produkte. Ausgehend von dem Modell reproduktiver Ökonomie gilt es, insbesondere diese in die Konsumtion eingebundenen Vorgänge ökologischer Reduktion ökonomisch zu reflektieren und zu steuern.

Auf Basis des erweiterten Verständnisses von der menschlichen Konsumtion erhält der Akt des Gebrauchens und Verbrauchens von Produkten einen über das menschliche Maß - über das subjektive Leben und Erleben der Konsumenten - hinausgehenden Zweck: Der Konsument, der sich selbst als Akteur in einem physisch-naturalen Prozeß begreift, indem er sich zugleich als Reduzent erkennt, reflektiert sein Handeln als ein Handeln mit Blick auf die ganze Natur. Er selbst sieht sich als ein Element innerhalb des Gesamtsystems, das auf der Naturproduktivität beruht und das auf das Naturprodukt gerichtet ist. Indem er seine eigene subjektive Leiblichkeit wiederherstellt, stellt er zugleich den Leib der ganzen Natur wieder her. Denn er wird sich bewußt darüber, daß noch während er sich dem Genuß hingibt, er damit beginnt, den Prozeß der Rückführung des verzehrten Produktes in den Haushalt der ökologischen Natur zu gestalten.

So leicht es uns fällt, den Prozeß der Reduktion als Bestandteil der Konsumtion dann zu verstehen, wenn wir an den physischen Vorgang des Verzehrens denken, so schwer fällt es umgekehrt, denselben Sachverhalt dann zu verstehen, wenn es sich um den Gebrauch von Produkten handelt. Und doch, aus physischer Perspektive betrachtet ist dies ein unmittelbar vergleichbarer Vorgang: Indem wir Nahrungsmittel konsumieren, wandeln wir das konsumierte Produkt stofflich in ein anderes um. Indem wir das Auto gebrauchen, wandeln wir zwar das Produkt selbst stofflich nicht um, aber der Gebrauch eines Autos ist mit den verschiedensten stofflichen Umwandlungsprozessen verbunden. Kaum ein Vorgang des Ver- oder Gebrauchens von Produkten ist denkbar, der nicht auch unmittelbar mit physischen Prozessen der Stoff- und Energieumwandlung beziehungsweise mit Prozessen der Stoffumformung verknüpft ist.

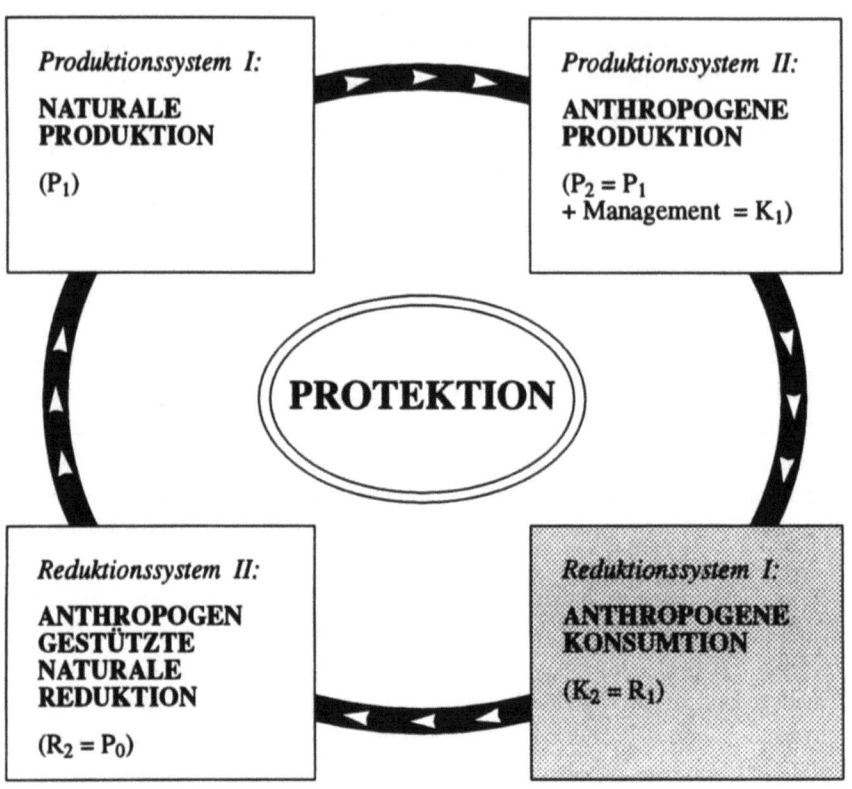

Abb. 7: Die anthropogene Konsumtion im Reproduktionsring

Vor dem Hintergrund dieser Überlegung aber gilt für die anthropogene Konsumtion nichts anderes als für die anthropogene Produktion auch: Denn es kommt darauf an, die reproduktive Qualität des Konsumtionsprozesses und seiner physischen Ergebnisse zu erkennen und sie (soweit es innerhalb dieser Funktionseinheit im Reproduktionsring möglich ist) entsprechend zu steuern. Als ein Glied des Reproduktionsringes stellt die Konsumtion einen Prozeß innerhalb des ganzen Naturprozesses dar, der als solcher auf die Herstellung des Naturproduktes gerichtet ist. Es gilt also auch hier, die Fähigkeit zu entwickeln, Konsumtion in der Weise reproduktiv zu organisieren, als an dieser Stelle die Voraussetzungen für das Gelingen naturaler Reduktion geschaffen werden.

Und doch ist diese Aufgabe viel schwieriger noch zu bewältigen als die im Bereich der anthropogenen Produktion anstehenden Aufgaben. Denn die Eigenschaften der Produkte, die über die Möglichkeiten ihrer physischen Reduzierbarkeit entscheiden, sind an dieser Stelle des Reproduktionsprozesses bereits festgelegt. Die Verantwortung in bezug auf die stoffliche Qualität, die Zerlegbarkeit, die Haltbarkeit, die Reparaturfreundlichkeit der Produkte sowie für die mit der Konsumtion verbundenen physischen Prozesse liegt gerade nicht bei den Konsumenten, sondern schon bei den Produzenten. Ja, sogar das Wissen des Konsumenten über das, was er physisch tut, indem er das Produkt ver- oder gebraucht, kann nicht über das hinausgehen, was der Produzent davon weiß und ihm mitteilt.

Wie keine andere Funktionseinheit innerhalb des Reproduktionsringes ist die anthropogene Konsumtion daher nur in unmittelbarem Zusammenhang mit den vorgelagerten und den nachfolgenden Funktionseinheiten mit Blick auf ihr ökologisches Resultat zu gestalten. Der Konsument und die Konsumentin stehen unausweichlich und unübersehbar in einer abhängigen Beziehung zu den Produzenten auf der einen Seite und zu den Organisatoren der naturalen Reduktion auf der anderen Seite.

Doch gilt dies nicht für jede einzelne Funktionseinheit im Reproduktionsring? Letztlich läßt sich für das Gesamtsystem des Reproduktionsringes, innerhalb dessen alle anthropogenen Handlungen auf die Organisation und das Management von Naturprodukten und Naturproduktivitäten gerichtet ist, sagen, daß anthropogene Produktion (P_2) und anthropogene Konsumtion (R_1) nicht unabhängig voneinander und nicht unabhängig von der naturalen Reduktion (R_2) und der naturalen Produktion (P_1) gestaltet werden können.

3.2.4 Die naturale Reduktion und ihre Vorbereitung durch das anthropogene System (R_2)

Die Reduktion der physischen Ergebnisse wirtschaftlichen Handelns ist primär eine ökologische Funktion. Unter den vielfältigen Leistungen, die die ökologische Natur für den Menschen bereithält, befindet sich auch die unermüdliche Tätigkeit zahlloser Organismen, die auf nichts anderes abzielt, als den produktiven Naturprozeß durch Zerlegung und Zersetzung von Stoffen - durch Wiederherstellung der physischen Ausgangsbedingungen - vorzubereiten. Den Reproduktionsring als ein ökonomisches Modell anwenden bedeutet daher nichts anderes, als jedes einzelne Element der ökologischen Natur bis hin zu den Mikroorganismen als Wirtschaftsakteure zu erkennen und ihre Leistungen ökonomisch, das heißt haushälterisch, zu nutzen. Es gilt zu verstehen, daß auch Prozesse der Humusbildung ökonomische Prozesse sind - zentrale ökonomische Prozesse sogar.

Und doch können wir die Aufgabe der Reduktion nicht der Natur allein überlassen. Denn die Produkte, die aus den menschlichen Produktions- und Konsumtionsprozessen hervorgehen, sind weder der Art noch der Menge nach geeignet, den ökologischen Reduktionspotentialen allein überantwortet zu werden. Die ökologische Reduktion und ihre kluge Vorbereitung und Stützung durch die menschliche Ökonomie mag daher die vielleicht wichtigste und schwierigste Funktion im Modell des Reproduktionsringes darstellen. Denn an dieser Stelle wird auf der Seite des anthropogenen Haushaltes abschließend über die Qualität des erzeugten Naturproduktes und über das Niveau seiner Produktivität entschieden. Es gilt also, die Prozesse der naturalen Reduktion durch zielgerichtetes menschliches Handeln zu steuern. Doch auf welche Weise kann der Mensch diese Aufgabe wahrnehmen?

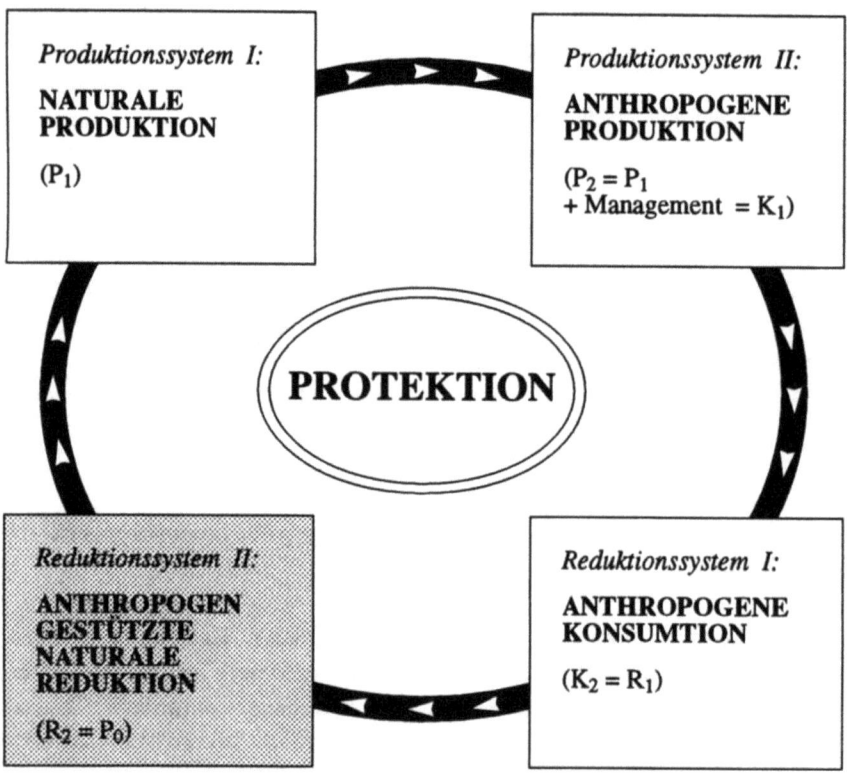

Abb. 8: Die naturale Reduktion im Reproduktionsring

Für die Industriegesellschaft, deren ökonomisches Bewußtsein an der Trennung von anthropogenem Wirtschaftsprozeß und ökologischem Haushalt festhält, stellt sich diese Aufgabe vor allem als eine nicht enden wollende Suche nach technischen Verfahren dar - Verfahren, die kaum zu etwas anderem taugen als den anthropogenen Stoffhaushalt möglichst wirkungsvoll und langfristig von dem ökologischen Stoffhaushalt zu isolieren. Die abstrakte Logik industrieller Ökonomie läßt wenig Spielraum: Denn alles, was die industrielle Produktions- und Konsumtionslinie an physischen Produkten hinterläßt, wird früher oder später zu Abfall. Aus Abfall im nachhinein ein Naturprodukt herzustellen, das Produktivität hervorbringen könnte, aber ist eine nur ausnahmsweise lösbare Aufgabe. Insoweit erscheint es ausgehend vom abstrakt wertökonomischen Denken rational, die Abfalleigenschaft der stofflichen Produkte erstens in der Zeit durch Verlagerung innerhalb der anthropogenen Funktionseinheiten hinauszuzögern oder aber die als Abfälle produzierten Stoffe und Stoffgemische so lange wie möglich vom Stoffhaushalt der ökologischen Natur fernzuhalten. Beide Strategien stehen für den Versuch, die Trennung zwischen anthropogenem und ökologischem Haushalt physisch zu realisieren. Doch dieser Versuch muß scheitern.

Mit der ersten Strategie, die unter dem Namen "Recycling" oder "Kreislaufwirtschaft" bekannt geworden ist, belügt sich die Gesellschaft insoweit, als sie von den zahlreichen stofflichen und energetischen Prozessen, die nötig werden, um die einmal als Abfälle hergestellten Produkte wieder in den anthropogenen Haushalt zurückzuführen, absieht. Mit der zweiten Strategie, die als "Abfallbehandlung" oder gar "Abfallbeseitigung" bezeichnet wird, belügt sie sich ebenfalls, indem sie glaubt, anthropogene Stoffe dauerhaft aus dem ökologischen System heraushalten zu können. Beide Strategien stehen für dasselbe falsche Bewußtsein: Die Ökonomie glaubt von sich, das andere zur ökologischen Natur zu sein und versucht, jene als "Umwelt" von sich abzutrennen[14].

Aus der physischen Perspektive jedoch, wie sie dem Modell reproduktiver Ökonomie zugrunde liegt, stellt sich die Frage nach der Reduktion von der anderen Seite. Indem wir nämlich von dem Reproduktionsring als ökonomischem Modell ausgehen, wird sichtbar, daß die Möglichkeit der Abtrennung des anthropogenen von dem ökologischen Stoffhaushalt in der physischen Wirklichkeit nicht existiert. Ja, mit dem Modell wird die Einheit von ökologischem und anthropogenem Haushalt akzeptiert, indem der erste als produktive Basis des zweiten erkannt worden ist. Von diesem Standpunkt aus wird bewußt, daß die industrielle Ökonomie mit Blick auf die von ihr verfolgten abfallwirtschaftlichen Strategien einer Fiktion aufsitzt - der Fiktion nämlich, daß sich das anthropogene Wirtschaftssystem loslösen ließe von der ökologischen Natur. Alle Versuche, die Trennung von der Natur, die die Industriegesellschaft innerhalb ihres ökonomischen Bewußtsein real vorgenommen hat, in die Sphäre der Physis hinein übersetzen zu wollen, müssen zwangsläufig scheitern. Ja, aus der auf dem Reproduktionsring beruhenden Perspektive wäre eine solche Abtrennung schließlich sogar ökonomisch falsch. Denn wir können nicht am Ende des anthropogenen Wirtschaftsprozesses all das von ihm abtrennen, was am Anfang desselben die einzige Quelle ist, aus der er sich speist.

Indem wir die Naturproduktivität als die Grundlage und als die den gesamten Reproduktionszyklus umschließende Klammer akzeptiert haben, müssen wir zugleich den weitaus überwiegenden Teil unserer derzeitigen Bemühungen um Lö-

---

[14] Vgl. dazu Hofmeister 1996.

sungen des Abfallproblems als ökonomisch kontraproduktiv erkennen. Jetzt erst erhält der Begriff "Kreislaufwirtschaft" einen Sinn. Denn nun zeigt sich, daß es die Abfallproduktion selbst ist, die aus Sicht des reproduktiven Wirtschaftens zu einer Kuriosität gerät. Das Abfallproblem läßt sich nicht lösen. Es führt daher kein Weg darum herum, daß sich umgekehrt die Wirtschaftsgemeinschaft von ihrer Praxis der Abfallproduktion löst. Sich dem Reduktionsprozeß als einer ökonomisch notwendigen Funktionseinheit innerhalb des Reproduktionsringes stellen, bedeutet im Grunde nichts anderes als auf die Herstellung von Abfällen zu verzichten. Denn außerhalb des ganzen ökonomischen Systems, das auf dem Zusammenwirken des anthropogenen und des ökologischen Haushalts beruht, existiert keine Umwelt. Alles, was wir innerhalb dieses Systems physisch erzeugen, ist und bleibt Bestandteil des Systems. Die einzige Chance besteht daher darin, die physischen Erzeugnisse bereits in einer Qualität hervorzubringen, die es der ökologischen Natur erlaubt, sie produktiv in ihren eigenen Haushalt wieder einzubinden. Solche Produkte aber sind von einer reproduktiven Qualität. Sie sind nicht Abfälle.

Sobald wir uns den ökologischen und den anthropogenen Haushalt als eine Einheit denken - sobald wir, wie es ausgehend vom Modell reproduktiver Ökonomie geschieht, den anthropogenen und den ökologischen Haushalt als ein zusammengehörendes Wirtschaftssystem auffassen - wird jeder Produktions- und Konsumtionsvorgang, aus dem Abfälle hervorgehen, ökonomisch kontraproduktiv. Denn schon mit dem Begriff "Abfall" wird eine Sphäre außerhalb des ökonomischen Prozesses vorausgesetzt - eine Sphäre, die physisch nicht existiert. Vor diesem Hintergrund aber läßt sich auch sagen, daß die Industriegesellschaft ihr ganzes ökonomisches Denken und Handeln auf einer Fiktion aufgebaut hat: Wer Abfall erzeugt, geht davon aus, daß die Spaltung zwischen ökologischer Natur und ökonomischem Prozeß auch physisch Realität ist. Diese Annahme aber hat sich längst schon entlang der ökologischen Probleme, die das Industriesystem hervorgebracht hat, als falsch erwiesen.

Indem wir aber die Einheit von menschlichem Wirtschaften und ökologischem Naturhaushalt voraussetzen, erkennen wir zugleich, daß anthropogene Produktion (P_2) und Konsumtion (R_1) die Vorbereitung dessen ist, was ökologisch Reduktion (R_2) bedeutet. Wir kommen auf diesem Wege notwendig zu der Überzeugung, daß sich aus dem Haushalt des Gesamtsystems nichts an physischen Bestandteilen herauslösen läßt, was einmal erzeugt wurde. Augenscheinlich ist es das Prinzip der Leihökonomie, das dem anthropogenen Wirtschaftsprozeß zugrunde liegt. Wir tun im wesentlichen nichts anderes, als uns die Produkte und die Leistungen der ökologischen Natur auszuleihen, um sie zur Erneuerung unserer eigenen lebendigen Produktivität zu nutzen, und wir geben sie dem Naturhaushalt wieder zurück - in welcher Form auch immer. Doch das Prinzip einer Leihökonomie kann nur dann funktionieren, wenn wir die "geliehene" Naturproduktivität in mindestens der gleichen oder aber in verbesserter Form wieder hervorbringen. Die Steuerung dieses Prozesses aber erfordert die ganze stoffwirtschaftliche Kompetenz der Gesellschaft.

Denn, indem wir produzieren und konsumieren, verändern wir die naturalen Produkte und ökologischen Produktivitäten zwangsläufig. Wir gestalten, ob wir es wollen oder nicht, die biologische Evolution. Dies jedoch kann nicht gegen die Prinzipien des Evolutionsprozesses, sondern nur mit ihnen gelingen. "Leihökonomie" kann daher nicht bedeuten, daß wir die Naturprodukte und die Produktivität der ökologischen Natur in derselben Qualität zu erhalten suchen, wie wir sie zur Verfügung gestellt bekommen haben. Denn dies wäre das Ende jeglicher wirtschaftlichen Praxis. Es muß im Gegenteil gelingen, die Prinzipien der biologischen Evolution möglichst klug anzuwenden mit Blick auf ein Naturprodukt, dessen produktive Eigenschaften es uns erlauben, den anthropogenen Prozeß ökonomischen Handelns fortzusetzen. Doch mit dieser Aufgabe kann selbstverständlich nicht erst dann begonnen werden, wenn die Prozesse der anthropogenen Produktion und Konsumtion schon abgeschlossen sind.

Über Möglichkeiten und Bedingungen der physischen Reduktion wird bereits entschieden, indem wir uns darüber verständigen, welche Produkte und welche Leistungen des Naturhaltes wir auf welche Weise nutzen wollen. An dieser Stelle gilt es, stoffwirtschaftliche Kriterien zu entwickeln, die am Effizienzprinzip (mit Blick auf die Menge des anthropogenen Stoffumsatzes) und am Wirkungsprinzip (mit Blick auf die Art der anthropogen umzusetzenden Stoffe) zu orientieren wären[15].

Daß eine auf die physische Reproduktion gerichtete Wirtschaftsweise nicht an der räuberischen Praxis gegenüber der ökologischen Natur festhalten darf, läßt sich daher mit Gewißheit sagen. Ja, sie wird womöglich aufgrund ökonomischer Überlegungen auf bestimmte Stoff- und Energieumwandlungsprozesse gar verzichten, auch dann, wenn sie jene technisch realisieren könnte. Umgekehrt aber wird das Gebot, Produkte hervorzubringen, die sich sowohl mit Blick auf die Reproduktion des menschlichen Lebens wie auf die Reproduktion der ganzen Natur zu bewähren haben, eine neue technische Revolution auslösen. An der Aufgabe, Technologien mit Blick auf die physische Reproduktion des gesamten ökonomischen Systems zu entwickeln, wird sich jene technische Intelligenz des Menschen, die das Industriesystem einmal hervorgebracht hatte, zu bewähren haben.

Denn die Prinzipien der biologischen Evolution anwenden heißt ja gerade nicht, eine Ökonomie des Verzichts zu schaffen, sondern im Gegenteil: Nur dann, wenn wir mit den produktiven Funktionen der Natur kooperieren lernen, wird jene ihren ganzen Reichtum auch für uns - für den menschlichen Genuß - entfalten. Indem wir den ökologischen Reduktionsprozeß in die Produktgestaltung von vornherein mit-

---

[15] Vgl. ausführlich Hofmeister 1996.

einbeziehen, eröffnet sich uns zugleich der ökologische Produktionsprozeß erst in seiner ganzen Vielfalt.

Doch um dieses Ziel zu erreichen, bedarf es eines Mittels, das zunächst als ein Gegensatz zu dem üppigen Bild einer Ökonomie des unerschöpflichen physischen Reichtums erscheinen mag: des Mittels der Protektion.

3.3 Die Protektion und ihre Bedeutung für den Reproduktionsring

Ausgangspunkt und Ziel menschlichen Wirtschaftens ist die Naturproduktivität und das Naturprodukt. Es gilt, die Ökonomie der menschlichen Gesellschaft in einer Weise zu organisieren, daß Produkte und Produktivkräfte der ökologischen Natur mit dem Ziel ihrer Wiederherstellung genutzt werden. Menschliches Wirtschaften gerät ausgehend von der Konzeption einer reproduktiven Ökonomie zu einer Aufgabe, die nichts weniger umfaßt, als die Steuerung und Gestaltung der biologischen Evolutionsprozesse als solcher.

Und doch fügen wir dem Modell eine Basisfunktion hinzu, von der mit großer Gewißheit gesagt werden kann, daß sie eine zentrale Stellung einnimmt: die Protektion. Protektion bedeutet Schutz, Pflege, Unterstützung und Unterhaltung der ökologischen Produktivität und schließt ihre ökonomische Nutzung für die menschliche Produktion und Konsumtion aus.

Aber steht diese bewahrende und erhaltende Funktion der Naturprotektion nicht in einem unmittelbaren Widerspruch zu allem bisher Gesagten? Ist es nicht so, daß wir entscheiden müßten zwischen Gestaltung und Herstellung als Wiederherstellung der ökologischen Prozesse und Produkte auf der einen und ihrer Erhaltung und Bewahrung auf der anderen Seite?

Nein. Denn Protektion in der Bedeutung der Naturerhaltung ist, soweit sie in einem direkten Zusammenhang mit dem Gesamtsystem des Reproduktionsringes gesehen wird, nichts anderes als ein Mittel der Naturgestaltung - ein Mittel unter anderen zwar, aber dennoch ein sehr zentrales.

Notwendig ist es, protektive Elemente in den Gesamtprozeß der ökologisch-ökonomischen Reproduktion fest zu verankern - und dies hat zwei eng miteinander verflochtene Ursachen:

1. Die menschliche Erkenntnisfähigkeit in bezug auf Strukturen und Funktionen der ökologischen Natur ist prinzipiell begrenzt. Wir leuchten aus, was uns Naturproduktivität ist, und wissen doch, daß dies nur ein Ausschnitt aus dem ganzen produktiven Geschehen der biologischen Evolution sein kann.

2. Die menschliche Erkenntnisfähigkeit in bezug auf Strukturen und Funktionen der ökologischen Natur ist prinzipiell interessengeleitet. Alles, was wir von der Naturproduktivität und den daraus hervorgehenden Produkten wissen können, ist das, was wir davon wissen "wollen". Das Wissen über die Natur ist und bleibt un-

mittelbar an die ökonomische Praxis im Umgang mit der Natur gebunden - es ist direkt verknüpft mit dem Nutzen, den die ökologische Natur für uns bereit hält. Die Chance, die Natur, wie sie unabhängig und außerhalb von uns selbst, von unseren eigenen Interessen und Bedürfnissen ist, wertfrei und ohne Vorurteile erkennen zu können, ist uns nicht gegeben. Es bleibt daher kein anderer Weg, als die Verbindung von Erkenntnis und Interesse jeder einzelnen Entscheidung über unseren Naturumgang vorauszusetzen - ja, sie bewußt und verantwortungsvoll zu einem Bestandteil der Entscheidung selbst zu machen. Es gilt, unsere Interessen in bezug auf die ökologische Natur a priori nicht nur als ein notwendiges Merkmal menschlichen Bewußtseins und Bewußtwerdens anzunehmen, sondern darüber hinaus unser Bewußtsein mit Blick auf die Reflektion des Zusammenwirkens von Erkenntnis und Interesse zu erweitern.

Doch welche Konsequenzen hat die Frage nach der ökonomischen Praxis unseres Naturverhältnisses?

Wir haben schon sehen können, daß Naturproduktivität, wie sie innerhalb des Reproduktionsringes als Produktionsstufe 1 (P_1) erscheint, eine gesellschaftliche Norm darstellt - einen Konsens über die gesellschaftlichen Interessen an der Natur enthält. Die Gesellschaft selbst ist es, die vor dem Hintergrund des jeweiligen Erkenntnisstandes über die Naturprodukte und -prozesse einen sozialen Begriff von der Naturproduktivität entfaltet. Dieser kann selbstverständlich nicht statisch gedacht werden, sondern er ist veränderlich, und er verändert sich aus sich selbst heraus - er ist ein prinzipiell vorläufiger Begriff. Das Wissen und das Denken über die ökologische Natur ist unmittelbar eingebunden in den Prozeß der ökonomischen Praxis mit der Natur und entwickelt sich entlang dieses Prozesses in immer neuer Weise. Doch indem wir das Bewußtsein über diesen Zusammenhang nicht länger leugnen und von der Geschichtlichkeit des gesellschaftlichen Verstehens der Naturproduktivität ausgehen, werden wir uns zugleich bewußt über die wirkliche Dimension unserer eigenen ökonomischen Praxis.

Jede ökonomische Entscheidung über Produktion und Konsumtion ist eine Entscheidung über Struktur und Funktionen des ökologischen Systems. Indem wir über Umfang und Art unserer wirtschaftlichen Handlungen entscheiden, entscheiden wir zugleich über künftige Naturen, und damit zwangsläufig auch über Grundlagen und Ziele künftiger Wirtschaftsprozesse. Wir werden uns also aus dem Dilemma, daß jede unserer Entscheidungen sich unmittelbar auf jede einzelne zukünftige Entscheidung auswirkt, nicht herausziehen können. Ob wir es wollen oder nicht, wir entscheiden, indem wir unsere eigene physische Existenz ökonomisch organisieren, auch über die ökonomischen Möglichkeiten und Praxen zukünftiger Generationen. Wir werden nicht darum herumkommen können, Entscheidungen über die unmittelbarsten Belange von Menschen zu treffen, die wir nicht an dem Entscheidungsprozeß beteiligen können, weil sie noch nicht geboren sind. Wir haben die Pflicht, die Interessen der Späteren bewußt und verantwortungsvoll wahrzunehmen, ohne sie im einzelnen kennen zu können.

Was zunächst als eine schier unlösbare Aufgabe erscheinen mag, stellt sich bei genauerem Hinschauen als eine Aufgabe dar, die ausgehend von einer Konzeption reproduktiver Ökonomie nicht nur lösbar ist, sondern selbst die wichtigste Begründung für eine reproduktive Ökonomie liefert. Indem wir die reproduktive Qualität wirtschaftlicher Prozesse und der daraus hervorgehenden Produkte in das Zentrum des Wirtschaftlichkeitskalküls stellen, haben wir zugleich den Blick schon fest auf die zukünftigen Menschen und ihre Bedürfnisse gerichtet. Denn wesentliches Kriterium für die reproduktive Qualität dessen, was wir erzeugen, ist der dem Naturprodukt eigene Optionswert. Vom Standpunkt der Reproduktion nämlich ist geradezu selbstverständlich, daß das beste Ergebnis wirtschaftlicher Prozesse jenes Naturprodukt ist, das mit Blick auf seine Produktivität die meisten Optionen für zukünftige Nutzungsweisen enthält.

Aus der Erweiterung des ökonomischen Kalküls um die Reproduktion aber ergibt sich eine doppelt ungewisse Entscheidungssituation in der Frage nach der Realisierung ökonomischer Produktions- und Konsumtionsprozesse: Denn wir haben es zu tun mit einer prinzipiellen Ungewißheit sowohl mit Blick auf die potentiellen Ansprüche künftiger Menschengenerationen als auch mit Blick auf die potentiellen Nutzen von (noch vorhandenen) Naturprodukten und Naturleistungen. Die Frage: "Wie gehen wir mit dieser zweifachen Ungewißheit um?" ist die zentrale Frage, die sich für jeden einzelnen ökonomischen Entscheidungsprozeß innerhalb des gesamten Reproduktionszyklus wieder neu stellt.

Anerkennen wir grundsätzlich die Berechtigung möglicher Ansprüche und Bedürfnisse künftiger Generationen und potentieller Nutzen des Naturproduktes, so gerät das Kriterium der "Fehlerfreundlichkeit" aller Entscheidungen in bezug auf die gegenwärtige Naturbewirtschaftung zum wichtigsten Kriterium. Denn nur eine vorsichtige Bewirtschaftungsweise der ökologischen Natur läßt die Option auf vielfältige künftige Wirtschaftsweisen zu. Gehen wir weiterhin davon aus, daß sich wegen unserer begrenzten Erkenntnisfähigkeit sichere Voraussagen über zukünftige Nutzungspotentiale ökologischer Naturprodukte und Naturleistungen nicht treffen lassen, so läßt sich sinnvoll nur von einer um den Existenzwert der ökologischen Natur erweiterten Normbildung sprechen.

Ausgerechnet aber an dem Punkt, an dem wir den Optionswert des Naturproduktes als wichtigstes Kriterium für die ökonomische Entscheidung benennen können, werden uns die Grenzen unseres Wissens über die Natur zum größten Risiko dann, wenn wir auf das Instrument der Protektion verzichten. Menschliche Ökonomie als bewußte Gestaltung der biologischen Evolution muß scheitern, wenn sie den Wert der Natur unterschätzt, indem sie die Existenz der Natur und ihrer Produkte aufs Spiel setzt. Da wir nicht überschauen können, was die ökologische Natur an produktiven Leistungen und an Produkten noch für uns und unsere Nachkommen bereit hält, weil wir aufgrund unserer begrenzten Erkenntnisfähigkeit keinen Zugang dazu haben, werden wir uns konsequent davor hüten müssen, das Risiko des Verlustes an Naturproduktivitäten überhaupt einzugehen. Ja, vom Standpunkt reproduktiver Ökonomie werden der Optionswert des anthropogenen Naturproduktes und mit ihm unmittelbar verbunden der Existenzwert ökologischer Produktivitäten zu einem Imperativ für das gesamte ökonomische System.

Was aber bedeutet dies mit Blick auf die Praxis der wirtschaftenden Menschen anderes, als dann auf die Nutzung von Naturprodukten und Naturproduktivitäten von vornherein zu verzichten, wenn der irreversible Verlust derselben durch den ökonomischen Prozeß nicht ausgeschlossen werden kann? Hierin finden wir die Begründung für die Protektion: Der Schutz der Natur ist zu nichts anderem gut, als dazu, die Menschen (die lebenden Menschen und ihre Nachkommen) vor Verlusten an Naturproduktivitäten, die ihr einziges Vermögen sind, zu schützen. Unter der Voraussetzung, daß wir weder die ökologischen Grundlagen noch etwa die Folgen ökonomischen Handelns mit Gewißheit überschauen werden, gilt die Protektion als das Mittel der Wahl.

Obgleich diese Begründung für den Schutz der Natur vor dem Hintergrund des Reproduktionsringes zunächst einmal fremd erscheint, weil sich hierin ja das Schutzziel für die ökologische Natur unmittelbar mit dem anthropogenen Ziel, Schutz des Menschen vor Produktivitätsverlusten, verbindet, ist die Schutzkonzeption als solche nicht neu. Denn sind nicht Naturschutz und Umweltschutz zu ständigen und geradezu selbstverständlichen Begleitern der industriellen Wirtschaftsweise geworden?

Und doch werden wir feststellen, daß sich die Protektion als die Funktionsbasis des Reproduktionsringes ihrem Umfang und ihrem Wesen nach deutlich von dem unterscheidet, was der Industriegesellschaft noch Umwelt- und Naturschutz ist: Das vor dem Hintergrund der sich zuspitzenden "ökologischen Krise" in die Industriegesellschaften eingeführte Konzept des sekundären und korrektiven Umwelt- und Naturschutzes ist nichts anderes als das paradoxe Unternehmen, das durch die Industrie erzeugte Naturprodukt ex post korrigieren zu wollen. Umweltschutz als Antwort des Industriesystems auf die ökologische Krise ist der Versuch, neben dem der Industrie eigenen Mechanismus der destruktiven Herstellung ökologischer Natur einen zusätzlichen Mechanismus der anscheinend produktiven Wiederherstellung der Natur einzurichten. Umwelt- und Naturschutz tritt in der Industriegesellschaft an die Stelle der physischen Reproduktion, von der ihre Ökonomie nichts versteht. Steht das Schutzkonzept also hier für den Versuch, die ökologischen Resultate industrieller Produktion korrigieren zu wollen, ohne dabei den fortschreitenden immanenten Prozeß industrieökonomischer Negation ökologischer Produktivität antasten zu müssen, so hat es demgegenüber innerhalb einer Konzeption reproduktiver Ökonomie eine völlig andere Funktion: Protektion ergänzt den ökonomischen Prozeß, sie erscheint gleichsam als die Vervollständigung reproduktiver Ökonomie.

In der Industriegesellschaft steht Umweltschutz noch für den Versuch, das unerwünschte ökologische Ergebnis der Ökonomie durch Reproduktion des Produkts verbessern zu wollen. Als solcher ist dieser Versuch eine Tautologie. Für die von Anfang an auf die physische Reproduktion hin ausgelegte ökologische Ökonomie, wie sie sich in dem Modell des Reproduktionsringes darstellt, aber ist die Protektion ein Weg, die ökologische Natur, als das einzige ökonomische Vermögen, auf das sich die menschliche Wirtschaft beziehen kann, zukunftsfähig zu bewirtschaften. Der Reproduktionsring integriert das Mittel der Protektion in das ökonomische Denken und Handeln der Menschen. Protektion wird zu einem verläßlichen und zugleich unerläßlichen Instrument der ökonomischen Praxis. Ausgehend von einem solchermaßen erweiterten Standpunkt aber erweitert und modifiziert sich auch das Schutzkonzept selbst.

Wo die Industriegesellschaft noch glaubt, mit der ökologischen Natur das andere von sich schützen und bewahren zu können, weiß eine reproduktive Ökonomie von ihrer physischen Identität mit der Natur. So meint jene, Naturschutz sei das Gegenteil von Wirtschaften, während diese die Protektion in den Mittelpunkt ihres Wirtschaftsprozesses stellt. Naturschutz bedeutet hier nichts anderes als eine besondere Form der Bewirtschaftung ökologischer Produktivitäten, indem gezielt und bewußt auf die Nutzung spezifischer Produkte und Leistungen verzichtet wird - vorläufig verzichtet wird in Abhängigkeit vom Stand des Wissens und von der Interessenlage der Gesellschaft. Aus dieser Funktionsbestimmung des Schutzkonzeptes aber resultiert die Bestimmung sowohl des Gegenstandes von Protektion als auch der Stellung der Protektion innerhalb des Systems reproduktiver Ökonomie (vgl. Abb. 9).

Protektion in ihrer Bedeutung für den Reproduktionsring geht insoweit über das industrielle Schutzkonzept hinaus, als es nunmehr in bezug auf alle mit dem ökonomischen Prozeß verbundenen physischen Prozesse Schutzziele zu entwickkeln gilt. Dabei lassen sich Schutzziele mit Blick auf ihren Gegenstand voneinander unterscheiden: Naturprozesse, Naturprodukte und Naturräume können aufgrund protektiver Ziele von der ökonomischen Nutzung ausgenommen werden.

Betrachten wir zuerst die Protektion in bezug auf Naturprozesse: So unausweichlich wir, indem wir wirtschaften, vor der Aufgabe stehen, Evolutionsprozesse zu gestalten, so unausweichlich sind wir auch vor die Tatsache gestellt, daß wir uns über die Gesetzmäßigkeiten, denen lebendige Prozesse unterliegen, keine vollständige Gewißheit verschaffen werden können. Naturgestaltung ist aus Sicht reproduktiver Ökonomie unvermeidlich und prinzipiell unter ungewissen Bedingungen zu vollziehen. Wir nutzen die Naturprozesse, insoweit sie von ökonomischem Interesse für uns sind, und kennen doch die ihnen zugrunde liegenden Gesetze nicht vollständig. Während sich in dieser Situation die industrielle Ökonomie noch die Freiheit herausnimmt, in die Gesetzmäßigkeiten der ökologischen Natur, soweit sie mit ihnen vertraut zu sein meint, bis in den Bereich der biologischen Reproduktion und der Gene hinein einzugreifen und ihn zu modifizieren, wird die ökologische Ökonomie letztlich auf eine solche Form der Nutzung prozeßhafter Natur verzichten. Ein solcher Verzicht geschieht allerdings nicht etwa um der "Ursprünglichkeit" der ökologischen Natur wegen (denn die "ursprüngliche" Natur mag das einzige Naturprodukt sein, das prinzipiell außerhalb des ökonomisch Machbaren liegt), sondern aus Gründen der ökonomischen Vernunft.

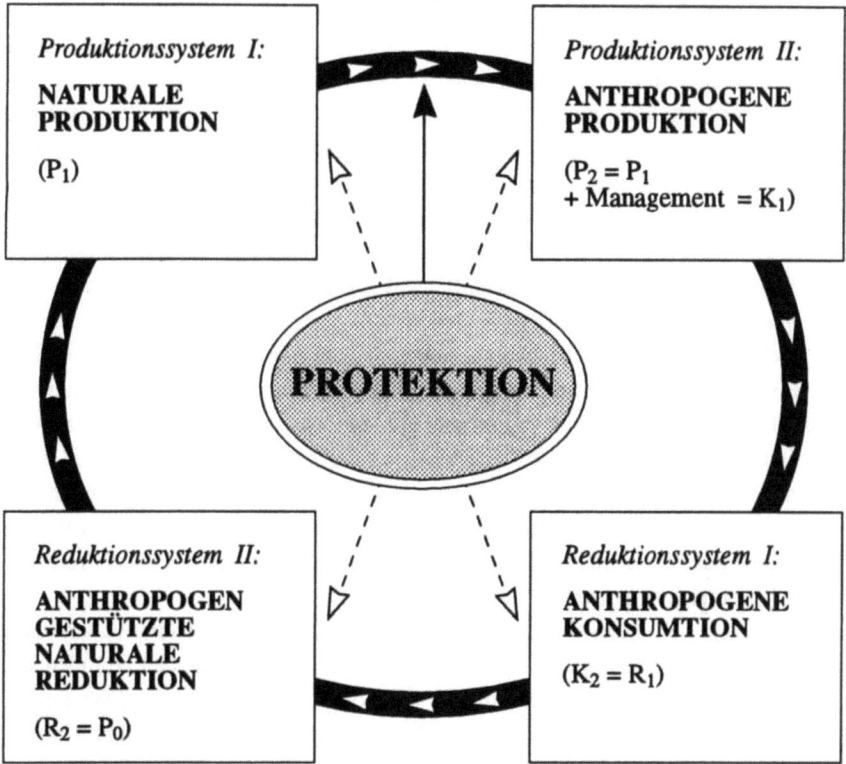

Abb. 9: Die Protektion als Funktionsbasis im Reproduktionsring

Die Entwicklungsgesetze der Evolution als solche können nicht Gegenstand ökonomischer Nutzung und technischer Manipulationen sein. Sie sollten aus dem ökonomischen Prozeß der Nutzung von Naturproduktivität und der Herstellung des Naturproduktes herausgehalten werden. Dies gilt, weil wir, indem wir die Gesetzmäßigkeiten des Lebens selbst verändern, evolutive Prozesse in Gang setzen, die

63

wir nicht zu steuern verstehen. So können gentechnische Veränderungen in der biotischen Natur ausgehend vom Modell reproduktiver Ökonomie allein deshalb schon ökonomisch nicht wünschenswert sein, da wir die auf diese Weise erzeugten Naturprodukte prospektiv nicht überschauen können. Wir wissen nicht von welcher reproduktiven Qualität sie sind, weil wir ihr reproduktives Verhalten nicht kennen können. Innerhalb des Naturganzen kann sich technisch hergestelltes Leben in destruktiver Weise entfalten, ohne daß wir diesen Prozeß noch überschauen oder etwa anhalten könnten.

Gerade weil wir mit unserer artspezifischen Existenz auf die Produktivität des Lebendigen angewiesen sind, werden wir auf die Produktion von Leben als solchem verzichten, wenn wir uns ökonomisch klug verhalten. Wir werden haushalten lernen mit den lebendigen Produkten, die die ökologische Natur selber nach ihren Gesetzmäßigkeiten und in ihrer eigenen Zeit hervorbringt, wenn wir unser Überleben auf der Erde nicht gefährden wollen. Denn wir können nur mit den Gesetzen der natürlichen Evolution kooperieren, soweit sie uns vertraut und anvertraut sind. Jeder Versuch aber, diese Gesetze außer Kraft zu setzen und durch eigene zu ersetzen, ist notwendig verbunden mit dem Risiko, die Naturgesetze auch in bezug auf den menschlichen Organismus außer Kraft zu setzen. Mit der direkten Produktion von Leben riskieren wir im wahrsten Sinne des Wortes unser eigenes, das menschliche Leben.

Doch der Haushalt der Natur ist ja keineswegs sparsam in dem Prozeß des Hervorbringens immer neuer und vielfältiger lebendiger Produkte. Das zweite Element menschlicher Protektion ist daher die auf das Naturprodukt selbst bezogene Schutzkonzeption. Arten, deren Überleben auf der Erde nicht mit Gewißheit gesichert werden kann, sind aus dem ökonomischen Prozeß herauszuhalten, denn wir kennen weder die von ihnen ausgehende ökologische Produktivität noch etwa die Möglichkeiten, die künftige Menschengenerationen haben werden, diese Produktivität ökonomisch zu nutzen.

Damit eng verbunden ist die Protektion in bezug auf Naturräume: Naturräume als Lebensräume seltener Tier- und Pflanzenarten sind aus denselben Gründen aus dem unmittelbaren Prozeß menschlicher Ökonomie herauszunehmen. Das gleiche gilt für Naturräume, die aufgrund ihrer Erscheinung sowie ihrer strukturellen und funktionellen Besonderheiten einmalige oder seltene Produktivitätspotentiale aufweisen. Sie sind von der direkten ökonomischen Nutzung auszunehmen, oder aber die Nutzung selbst ist auf die Besonderheiten der Naturräume hin auszurichten.

Mit Blick auf diese drei Kategorien naturprodukt-, naturprozeß- und naturraumbezogener Protektion läßt sich sagen, daß das Protektionsprinzip im Zentrum des Reproduktionsringes auf die einzelnen Funktionseinheiten Einfluß nimmt: Protektion ist also nicht an sich schon Funktion innerhalb des Reproduktionsringes, weil sie als Einflußfaktor auf die verschiedenen Funktionseinheiten des Gesamtsystems einwirkt und dieses als solches erweitert. Ja, das Protektionsprinzip als Basis der vier Funktionsweisen läßt das Modell Reproduktionsring gleichsam erst vollständig werden. Die Protektion ist eine Funktionsbasis, ohne selbst etwa den Charakter einer Funktionseinheit annehmen zu können. Damit aber kommt dem Protektionsprinzip eine für das Gesamtsystem des Reproduktionsringes sehr zentrale Bedeutung zu: Denn das wichtigste Gebot reproduktiver Ökonomie ist es, irreversible Verluste an Naturproduktivität zu vermeiden.

Und dies geschieht, indem wir das Instrument der Protektion möglichst frühzeitig in den Prozeß des reproduktiven Wirtschaftens einführen. Im Unterschied zur industriellen Ökonomie, die den Schutzgedanken erst dann ins Auge faßt, wenn die Prozesse der anthropogenen Produktion und Konsumtion schon ganz oder beinahe abgeschlossen sind, muß aus Sicht reproduktiver Ökonomie das Protektionsprinzip bereits dort ansetzen, wo wir über das "Ob" der ökonomischen Nutzung ökologischer Prozesse und Produkte und über die Bewirtschaftung von Naturräumen entscheiden. Denn haben wir einmal die physische Trennbarkeit von ökologischem und ökonomischem System als eine Fiktion erkannt, so werden wir wissen, daß protektive Maßnahmen am Ende des Reproduktionsringes zu nichts anderem taugen, als die einmal entstandenen Probleme für eine gewisse Zeit oder mit Blick auf einen bestimmten Raum zu verdrängen. Schutz der ökologischen Natur vor den Einträgen anthropogener Produkte und Stoffe kann nicht Ziel reproduktiver Ökonomie sein, denn dieses Ziel ist ganz und gar unmöglich zu erreichen. Wir werden das ökologische System nur vor solchen Stoffströmen nachhaltig bewahren können, auf deren Umsatz, Mobilisierung und Erzeugung wir zu Beginn des anthropogenen Reproduktionsprozesses verzichten. Die Orte innerhalb des Reproduktionsringes, an denen sich das Protektionsprinzip realisiert, sind daher die Sphären anthropogener Produktion und Konsumtion (P_2 und R_1), weil hier über das "Wie" menschlicher Produktion und Konsumtion entschieden wird. An dieser Stelle gilt es, im Rahmen jedes einzelnen ökonomischen Entscheidungsprozesses die Frage nach der Protektion zu stellen und auch zu beantworten. Der wichtigste Ort aber, an dem das Protektionsprinzip innerhalb des reproduktiven Wirtschaftsprozesses anzusetzen wäre, ist der Ort, an dem über die Nutzung der ökologischen Produktivität und der ökologischen Produkte selbst entschieden wird: Die Frage, ob und in welcher Form das Protektionsprinzip anzuwenden ist, stellt sich in Verbindung mit allen auf die ökonomische Nutzung ökologischer Produkte und Leistungen gerichteten menschlichen Entscheidungsprozessen. Protektion entfaltet daher zwischen den Funktionseinheiten P_1 und P_2 - zwischen der naturalen und der anthropogenen Produktionsfunktion - ihre eigentliche Wirksamkeit (vgl. Abb. 9).

Protektion ist Schutz - Schutz der verschiedenen Produkte und Produktivkräfte der ökologischen Natur. Obgleich uns das Schutzkonzept auf den ersten Blick vertraut scheint, wird es als Element reproduktiver Ökonomie seine Funktion und seine Inhalte verändern: Protektion ist hier nicht länger eine sekundäre und korrektive Funktion wirtschaftlichen Handelns, sondern wird selbst zu einem zentralen Instrument der Bewirtschaftung ökologischer Produkte und Leistungen. Insoweit ist es ausgehend vom Reproduktionsring nur allzu konsequent, das Protektionsprinzip frühzeitig in den gesamten ökonomischen Reproduktionsprozeß einzubinden.

Weil sich im Modell des Reproduktionsringes die Verbindung von anthropogenem und ökologischem Haushalten unmittelbar herstellt, erhält die Protektion erst hierin ihren eigentlichen Sinn: Nicht Abschirmung und Ausgrenzung der ökologischen Natur von der menschlichen Ökonomie um ihrer selbst willen ist nunmehr Zweck und Ziel des Schutzkonzeptes, sondern umgekehrt: Die ökonomisch rationale Bewirtschaftung der ökologischen Natur verlangt auch ihren Schutz.

3.4 Die Verbindung von anthropogenem und ökologischem Haushalt im Reproduktionsring

Die Einheit von Naturhaushalt und menschlichem Haushalt wird mit dem Modell reproduktiver Ökonomie zu einem ökonomischen Prinzip. Das ökologische Produktionssystem als die einzige Quelle, aus der der anthropogene Haushalt schöpft, zu stützen und zu erneuern, wird zur Aufgabe menschlicher Ökonomie.

Indem die ökologische Natur als die Grundlage des menschlichen Wirtschaftens erkannt und an den Anfang des ökonomischen Reproduktionsprozesses gestellt wird, schließt sich der Ring gleichsam von selbst: Die ökologische Natur wird als Produktivität und Produkt Ausgangspunkt und Ziel des gesamten Haushaltes. Produktion und Reproduktion sind ein einziger Prozeß. Der Ring läßt sich an keiner Stelle mehr auftrennen.

Doch ist es nicht das Prinzip lebendiger Prozesse als solcher, das sich auf diese Weise im Reproduktionsring Ausdruck verschafft? Ist es doch das Wesen der lebendigen Natur, daß sie, indem sie produziert, zugleich ihren Haushalt reorganisiert - wiederherstellt. Die lebendige Physis kennt die Unterscheidung zwischen Herstellung und Wiederherstellung nicht. Durch den produktiven Prozeß hindurch erneuert die ökologische Natur immer wiederkehrend ihren eigenen Haushalt. Der einzige ineinanderfließende Prozeß von Produktion und Reproduktion ist die Ursache der Fruchtbarkeit. Die Produktivität der lebendigen Natur ist in der Einheit von Herstellung und Wiederherstellung fest verankert. Und doch bleibt der Haushalt der ökologischen Natur nicht der, der er war. Er entfaltet sich in immer neuer Qualität auf immer andere Zukünfte hin. Evolutive Reproduktion bedeutet daher nichts so wenig, wie Wiederholung des Gleichen: In der Wiederherstellung entwickelt das ökologische System zugleich ganz unmittelbar seine physische Substanz und seine Eigenschaften.

Mit dem Reproduktionsring offenbaren die Prinzipien der biologischen Evolution ihre Bedeutung auch für das ökonomische Denken und Handeln des Menschen: Der Ring ist das Bild, das für die Identität von Produktion und Reproduktion ebenso steht, wie für die Identität von Erneuerung und Wiederherstellung. Ja, wir können sagen, daß die Struktur des Ringes gleichsam erst aus der Struktur der lebendigen Prozesse entsteht. Denn wir sehen, daß in demselben Augenblick, in dem die ökologische Produktivität als eine Vielzahl von Abläufen lebendiger Prozesse in den ökonomischen Haushalt der Menschen hineingedacht wird, sich aus der Einheit von Herstellung und Wiederherstellung der Ring als die Struktur des Reproduktionsprozesses zwangslos und durch eine innere Notwendigkeit hindurch konstituiert.

Doch was wir erkennen können mit Blick auf die Struktur des ganzen Ringes, finden wir wieder in jeder seiner Funktionseinheiten: Was für den Ring als ganzen gilt - die Gleichzeitigkeit von herstellenden und wiederherstellenden Prozessen - spiegelt sich auch unmittelbar wider in den entsprechend verdoppelten Funktionen der Einheiten. Mit Ausnahme des primären Produktionssystems der ökologischen Natur konnten wir für jede weitere Einheit im Ring eine mindestens zweifach verschränkte funktionelle Bindung sich gegenüberstehender Funktionen ausmachen: Was aus anthropogener Sicht als produktiv erscheint, ist als Glied des ganzen physischen Reproduktionsprozesses oftmals eher von konsumtiver oder auch reduktiver Funktion; und umgekehrt sind reduktive Prozesse im Kontext des gesamten Ringes zugleich auch produktive Prozesse. So erweist sich das anthropogene Produktionssystem (P_2) als produktiv vom Standpunkt der Menschen und als konsumtiv vom Standpunkt der ganzen Physis ($P_2 = K_1$). Auch die anthropogene Konsumtion läßt sich als ein produktiver Prozeß (P_3) und als ein reduktiver Prozeß zugleich auffassen ($K = P_3 = R_1$). Und schließlich gilt dasselbe auch für die naturale Reduktion (R_2), die zur gleichen Zeit in der Rolle der reduktiven und der produktiven Funktion für das Gesamtsystem auftritt ($R_2 = P_0$).

Nur für das naturale Produktionssystem als die primäre Produktivität im Reproduktionsring trifft dieses Merkmal der dialektisch verschränkten Einheit sich gegenüberstehender Funktionen in dieser Weise nicht zu: Obgleich es, wie wir gesehen haben, das Wesen der Naturproduktivität selbst ist, seine Fruchtbarkeit in der Einheit von Aufbau- und Abbauprozessen erst zu entfalten - ja, obgleich die dialektische Einheit von Produktion und Reduktion geradezu kennzeichnend ist für den Ablauf lebendiger Prozesse, hat das naturale Produktionssystem für den anthropogen-ökologisch verbundenen Haushalt, wie er sich im Reproduktionsring abbildet, eine eindeutig und ausschließlich produktive Funktion. Denn hier wird die physische Substanz für den gesamten Reproduktionsring erzeugt - hier entsteht alles das, wovon der ganze Reproduktionsprozeß zehrt. Die ökologische Produktion ist der primäre Prozeß innerhalb des ganzen Ringes. In dieser Funktionseinheit baut sich das gesamte Ringsystem schon auf.

Der Naturprozeß als Ursache und Ergebnis des Reproduktionsprozesses ist der Kern des Ringes. Er steht als Funktionseinheit schon für die Funktionen und die Struktur des gesamten Systems. Denn das naturale Produktionssystem enthält bereits die Doppelung von produktiven und reduktiven Prozessen. Nur weil Produktion und Reduktion ineinanderfließen, entsteht die Produktivität des ökologischen Systems. Insoweit ist die Funktionsweise und die Struktur des ganzen Reproduktionsringes schon enthalten und aufgehoben in seinem primären Glied: Im naturalen Produktionssystem (P_1) finden wir die für den Reproduktionsring einzig produktive Funktion - die Quelle, aus der der gesamte Prozeß schöpft und aus der heraus er sich immer wieder erneuert. Der Naturprozeß ist die Ursache des ganzen Prozesses und sein Ergebnis zugleich: Der Reproduktionsring überträgt wie ein Spiegel dessen Gestalt und dessen Funktionsweise auf das gesamte System.

Wie bei der Analyse der Funktionseinheiten finden wir auch in der ganzen Ringstruktur das Prinzip des Lebendigen als Gleichzeitigkeit, als einen dialektischen Prozeß des Ineinanderevolvierens produktiver und reduktiver Momente: Für den menschlichen Haushalt hat dieses Prinzip in gleicher Weise Gültigkeit dann, wenn wir den Haushalt der Menschen als in den Haushalt der Natur eingebunden begreifen. Das Prinzip des Lebendigen, das auf der Einheit des scheinbar Gegensätzlichen - auf der Einheit von Aufbau und Abbau, von Wiederholung und Erneuerung und schließlich von Wiederherstellung und Entfaltung - basiert, wird sich im Reproduktionsring ökonomisch bewußt. Das ökonomische Denken, das bislang noch glaubt zu produzieren, ohne zu reduzieren, und das meint, die soziale Reproduktion jenseits ihres ökologischen Zusammenhangs allein aus dem abstrakten Wert heraus organisieren zu können, erobert sich durch den Reproduktionsring hindurch seine physische Identität mit der ökologischen Natur zurück. Denn ausgehend vom Konzept reproduktiver Ökonomie wird es ganz und gar unmöglich, den anthropogenen Haushalt losgelöst vom Haushalt der ökologischen Natur zu bewirtschaften. Ja, wir können sogar sagen, daß der menschliche Haushalt, wie der ökologische auch, seine Produktivität erst durch die Praxis der ineinanderverschränkten Bewegung von Aufbau- und Abbauprozessen erhält.

Der Reproduktionsring, der das anthropogene und das ökologische System als Haushalte ökonomisch integriert, ist fest verankert in der dialektischen Einheit von Aufbau- und Abbauprozessen. Aus dieser Verankerung erhält er seine Stabilität, die in der Stabilität des ökologischen Haushaltes ihre Entsprechung und ihre Ursache hat.

Doch die Analyse des Reproduktionsringes weist noch auf eine zweite Ursache für seine Stabilität hin: Denn neben seiner zyklischen Struktur ist die doppelte Bindung der Funktionseinheiten aneinander ein wesentliches Merkmal des Ringes. Diese doppelte Bindung der Funktionen stellt sich dar als eine subjektbezogene Bindung (Bindung von anthropogenen Funktionen an anthropogene und von naturalen Funktionen an naturale Funktionen) einerseits und als eine funktionsbezogene Bindung (Bindung von produktiven Prozessen an produktive Prozesse und Bindung von reduktiven Prozessen an reduktive Prozesse) andererseits.

Doch wie läßt sich nach allem bisher Gesagten die Funktion und das Subjekt der Funktion eindeutig ausmachen?

Wir haben schließlich sehen können, daß keine Funktionseinheit isoliert betrachtet ausschließlich produktiv oder ausschließlich reduktiv gerichtet ist. Auch sind die Funktionseinheiten mit Ausnahme des naturalen Produktionssystems (P_1) weder ausschließlich natural noch ausschließlich anthropogen bezogen. Ja, wir finden alle vier Bindungsarten, wie sie für den gesamten Ring charakteristisch sind, auch in den einzelnen Funktionseinheiten wieder. Wenn wir also dennoch unterscheiden zwischen produktiven und reduktiven Prozessen auf der einen Seite und naturalen und anthropogenen Prozessen auf der anderen Seite, so hat diese Unterscheidung einen analytischen Zweck: Sie orientiert sich an den jeweils dominierenden Merkmalen der Funktionseinheiten und hat in keinem Fall ausschließenden Charakter.

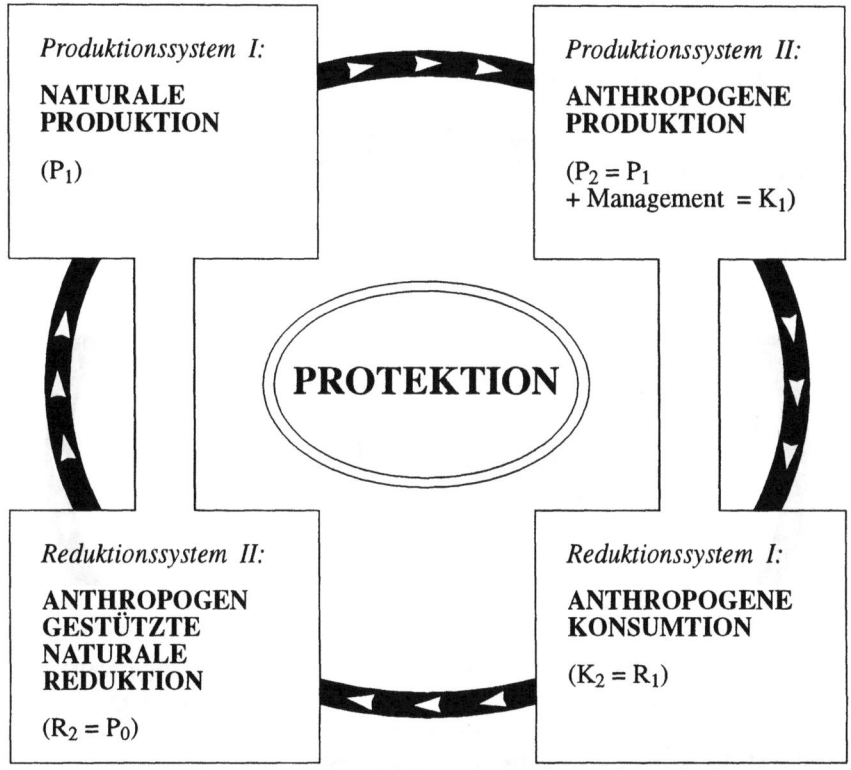

Produktionssystem I:

NATURALE PRODUKTION

(P_1)

Produktionssystem II:

ANTHROPOGENE PRODUKTION

($P_2 = P_1$ + Management $= K_1$)

PROTEKTION

Reduktionssystem II:

ANTHROPOGEN GESTÜTZTE NATURALE REDUKTION

($R_2 = P_0$)

Reduktionssystem I:

ANTHROPOGENE KONSUMTION

($K_2 = R_1$)

Abb. 10: Subjektbezogene Bindung der Funktionseinheiten im Reproduktionsring

Betrachten wir die Bindungen der Funktionseinheiten genauer, so lassen sich zwei Bindungsarten voneinander unterscheiden:

1. Die Bindung, die durch das gleiche Subjekt, durch den gleichen Wirtschaftsakteur entsteht: Die ökologische Natur tritt als die primäre Akteurin in den Funktionseinheiten P_1 und R_2 auf. Diese beiden Einheiten sind also mit Blick auf das Subjekt unmittelbar miteinander verbunden. Dasselbe gilt für die Funktionseinheiten P_2 und R_1, in denen jeweils der Mensch als Subjekt auftritt und als Akteur der Funktion dominiert (vgl. Abb. 10).

2. Die Bindung durch den Charakter des jeweiligen Prozesses: Wir unterscheiden die Funktionseinheiten in überwiegend produktive und in überwiegend reduktive Prozesse. Unter diesem Gesichtspunkt sind auf der einen Seite das naturale und das anthropogene Produktionssystem direkt miteinander verbunden (P_1 und P_2) und auf der anderen Seite die anthropogene Konsumtion als die erste Stufe der Reduktion mit der naturalen Reduktion als der zweiten Stufe (R_1 und R_2) (vgl. Abb. 11).

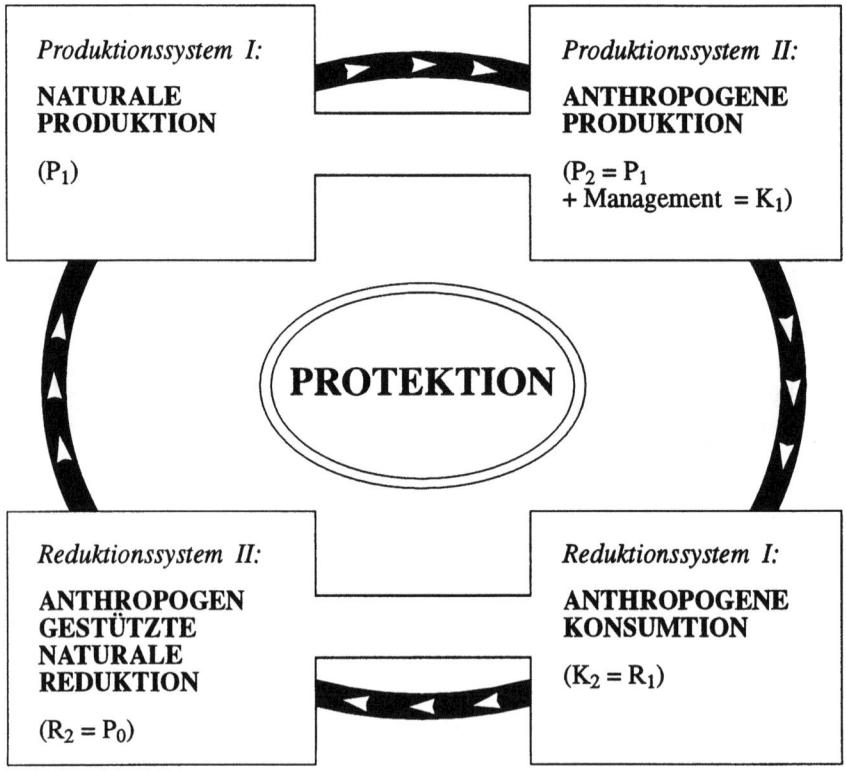

Abb. 11: Prozeßbezogene Bindung der Funktionseinheiten im Reproduktionsring

Die Bindungen der Funktionseinheiten innerhalb des Reproduktionsringes lassen sich also als zweifache Bindungen beschreiben. Als solche sind sie auf eine entgegengesetze Weise miteinander verschränkt. Diese Struktur der funktionalen Bindungen, wie sie sich für den ganzen Ring darstellt, ist ebenso auffindbar in den einzelnen Funktionseinheiten mit Ausnahme des primären Produktionssystems (P_1). Wir können also sagen, was die funktionellen Einheiten in sich selbst stabilisiert, stabilisiert auch den Ring.

Halten wir fest: Die Stabilität des gesamten Reproduktionsringes entsteht auf der Grundlage der doppelten und dialektisch verschränkten Bindung der Funktionseinheiten, die wiederum ihre Entsprechung auch innerhalb der Funktionseinheiten hat. Die hierauf basierende Stabilität des Reproduktionsringes hat jedoch ihre eigentliche Ursache im Prinzip des Lebendigen - im Wesen der lebendigen Produktivität. Es scheint daher, daß die Stabilität des Reproduktionsringes im Kern daraus resultiert, daß dieser die Prinzipien des Lebendigen nicht ignoriert, sondern im Gegenteil, sie sich zu eigen macht und sie integriert. Der Reproduktionsring basiert auf der Einheit von menschlichem und ökologischem Haushalt. Und doch stellt sich diese Einheit erst auf Grundlage einer auf den Reproduktionsring aufbauenden ökonomischen Praxis als eine produktive Einheit her: Die Einheit von anthropogenem und ökologischem Haushalt konstituiert und erneuert sich durch jeden einzelnen ökonomischen Prozeß der physischen Reproduktion hindurch.

Der Reproduktionsring als ein auf Integration von anthropogenem und ökologischem Haushalt gerichtetes Modell hat seine Wurzeln genau dort, wo wir verstanden haben, daß es die ökologische Natur ist, deren Produktivität auch die menschliche Reproduktion umschließt und ermöglicht. Wir haben sie als die primäre Produktivität des gesamten ökonomischen Prozesses erkannt. Mit dieser Überlegung aber schließen wir die physische Trennbarkeit von anthropogenem und naturalem Haushalt a priori aus. Das ökonomische Handeln der Menschen erweist sich also als identisch mit den produktiven Prozessen der ökologischen Natur und ist es doch zugleich nicht: Denn der Mensch wird sich im Reproduktionsring der ökonomischen Dimension seines auf die lebendige Physis gerichteten Handelns bewußt. Er beginnt, seine Handlungen unter einen ökonomischen Kalkül zu stellen. Die Gestaltung der lebendigen Natur wird zu dem eigentlichen, zu dem reinsten Zweck seiner ökonomischen Praxis. Der ökologische Haushalt wird zu einem Teil des anthropogenen Haushaltes und vice versa.

Die ökologische Natur erscheint ausgehend vom Reproduktionsring in einer Gestalt, die dem Naturverhältnis des Industriesystems und seiner Ökonomie direkt widerspricht: Wir erkennen sie als Ursache und als Resultat - als Grundlage und als Ziel wirtschaftlichen Handelns. Während die industrielle Ökonomie die ökologische Natur noch als das andere von sich auffaßt und kaum etwas anderes als ihre Aneignung im Auge hat, ist die Natur, wie sie sich innerhalb des Reproduktionsringes darstellt, Produktivität und Produkt zugleich. Die ökologische Natur wird damit vom ökonomisch angeeigneten Objekt industrieller Ökonomie zu Subjekt und zu Objekt reproduktiver Ökonomie: Sie ist die primäre Akteurin des ökonomischen Prozesses und sein primäres Resultat zur selben Zeit.

So ist die menschliche Gesellschaft in ihrer Ökonomie gleich zweifach auf die Natur bezogen: Sie ist sich bewußt über die ökologische Natur als ihre Grundlage, sie bezieht sich daher auf sie als auf ihre Quelle und ihr einziges Vermögen. Und sie bezieht sich auf sie als auf ihr einziges Produkt. Die ökologische Natur ist das Ziel und die Aufgabe menschlichen Wirtschaftens. Damit aber kehrt sich das Verhältnis von Zweck und Mittel ökonomischen Handelns geradewegs um: Der industriellen Ökonomie erscheint noch die Erzeugung des abstrakten, monetären Tauschwerts als ihr Zweck und ihr Ziel. Für dessen Entstehung aber gilt ihr die Physis als bloßes Mittel; sie ist nur die Substanz, die Trägerin des Wertes. Im Gegensatz dazu wird der reproduktiven Ökonomie der Geldwert zum Mittel - er hat hier nicht mehr als eine bloß instrumentelle Funktion. Denn Aufgabe und Zweck reproduktiver Ökonomie ist ja die Erzeugung der Physis. Nur um ihretwegen, um die Herstellung der ökologischen Natur in optimaler Weise zu gewährleisten, wird der ökonomische Tauschwert als ein Werkzeug genutzt. Wert und Physis erscheinen wieder in einem richtigen Verhältnis zueinander. Ja, wir können sagen, daß sich im Reproduktionsring das Verhältnis von beiden vom Kopf auf die Füße, nämlich auf den Boden der Physis stellt.

Der abstrakte ökonomische Wert stammt aus dem Vermögen der Natur. Während sich die industrielle Ökonomie noch anschickt, das Naturvermögen vollständig zu verzehren, fließt der erwirtschaftete Wert ausgehend von der Konzeption reproduktiver Ökonomie ausnahmslos in den Haushalt der Natur zurück. Ja, der ökonomische Wert kommt nicht nur der Erneuerung in Anspruch genommener ökologischer Produkte und Leistungen zugute, sondern dient der Erweiterung und der Verbesserung ökologischer Produktivitäten zum Nutzen des gemeinsamen Haushaltes.

Mit dem Modell Reproduktionsring ist die Frage nach den Ursachen des ökonomischen Wertes beantwortet. Zugleich aber wirft der Reproduktionsring die Wertfrage als eine Frage der Anwendung des ökonomischen Wertes mit Blick auf das optimale Naturprodukt auf.

Die Wertfrage betrifft das Problem des Übergangs von Natur zu Wert. Das klingt einfach, ist aber vielleicht die Kernfrage der gesamten praktischen und theoretischen Ökonomie. Warum kostet ein Gramm Gold viel und warum ein Kilogramm Salat wenig? Warum bekommt man Luft gratis, muß aber für Boden teuer bezahlen? Warum geht die menschliche Arbeit voll in die Wertrechnung der Wirtschaft ein, dagegen die Natur nur teilweise? Anders gesagt, liegt möglicherweise eine der größten Täuschungen moderner Ökonomie in dem falsch begriffenen Übergang von physischen Werten in Geldwerte?

Mit Sicherheit läßt sich sagen, daß eine wertmäßig falsch verstandene Natur zu einer falschen Ökonomie insgesamt führt. Daher kommt es so sehr auf eine präzise Klärung des Verhältnisses von Natur und Wert an. Der Ort aber, an dem dieses Verhältnis praktisch zum Ausdruck kommt, sind jene Übergänge, an denen aus qualitativen Natureigenschaften quantitative Geldausdrücke werden.

4 Wertförmige und physische Reproduktion

Die ganze bisherige Darstellung betrifft ausschließlich die physisch-materielle Seite der Reproduktion. Von der tauschwert- und geldförmigen Seite des ökonomischen Reproduktionsprozesses wurde systematisch noch nicht gesprochen. Da aber in der industrieökonomischen Realität die Wert-Geld-Sphäre gegenüber der physisch-naturalen Seite dominiert, wird jetzt der Zusammenhang von wertförmiger und physischer Reproduktion dargestellt.

4.1 Der einfache wertförmige Reproduktionsring

Die (geld-)wertförmige Reproduktion kann in einem einfachen Modell beschrieben werden (vgl. Abb. 12). Die eigentliche Werterzeugung findet danach im Produktionsprozeß statt. Wenn man die Bewegungsgrößen zu dieser Wertentstehung betrachtet, dann werden im Ausgangspunkt zur Wertproduktion die Produktionsfaktoren Kapital und Arbeit gekauft, im Produktionsprozeß wird ein wirtschaftlicher Nutzen hergestellt, der am Markt (hoffentlich) einen größeren Erlös erzielt als die Summe aller Faktorkosten einschließlich der Ersatzinvestitionen beträgt.

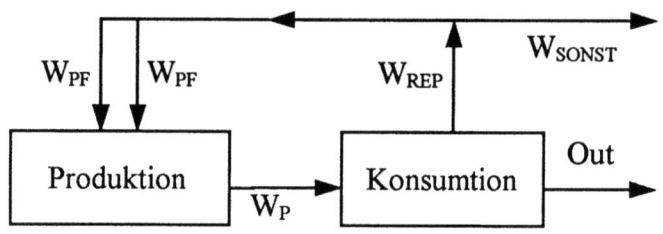

W_{PF} = Wert der Produktionsfaktoren $\quad$ W_{REP} = Reproduzierte Werte
W_P = Wert der Produkte $\quad\quad\quad\quad\quad\quad$ W_{SONST} = Abgeflossene Werte

Abb. 12: Wertmäßiger Reproduktionsprozeß

Eine positive Differenz führt zum Unternehmergewinn beziehungsweise in gesamtwirtschaftlicher Sicht zu einem "echten" Nettowertprodukt (im Gegensatz zum

Nettosozialprodukt). Nach Ablauf von Produktion und Konsumtion können die realisierten Geldwerte erneut in diesen Kreislauf eingesetzt werden oder sie fließen ab.

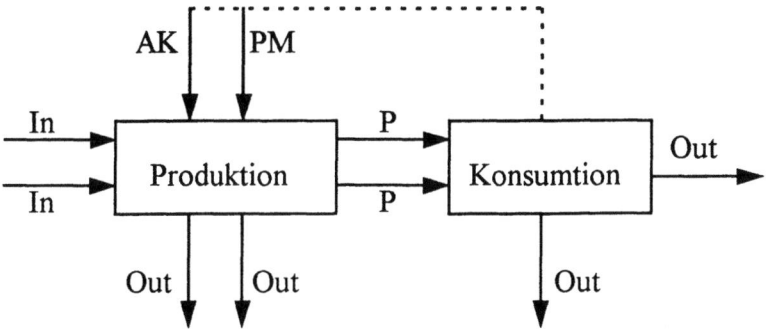

AK   = Arbeitskräfte   In   = Kostenlose bzw. unbewertete Inputs
PM   = Produktionsmittel   Out   = Kostenlose bzw. unbewertete Outputs
P   = Produkte

Abb. 13: Physischer Reproduktionsprozeß

Das Reproduktionsmodell erscheint schon etwas komplizierter, wenn man in Zusammenhang mit dem Wertkreislauf die unmittelbar auftretenden physischen Ereignisse einbezieht (vgl. Abb. 13). Sowohl in der Sphäre der Produktion als auch in jener der Konsumtion findet ein vielschichtiger Transformationsprozeß von Materie statt, der weit über die Struktur des Wertprozesses hinausreicht.

Dies beginnt damit, daß praktisch bei jedem Produktionsvorgang eine umfangreiche Nutzung von kostenlosen oder nicht richtig bewerteten Naturfaktoren und Naturleistungen als "technischen Fortschritten" stattfindet, ohne die die beabsichtigten Produkte nicht hergestellt werden könnten, die aber im Wertprozeß der Unternehmen und der Volkswirtschaft als ganzer zunächst keine Rolle spielen. Dasselbe gilt auf der Output-Seite der Produktion für alle Formen der unbezahlten oder unzureichend bezahlten "Abfälle" im weitesten Sinn.

Auch die konsumtive Sphäre weist eine große Zahl solcher kostenlosen oder unzureichend bewerteten physisch-materiellen Inputs und Outputs auf, sei es als Standortvorteil oder als konsumtiver Müll.

Es zeigt sich also, daß der Wertprozeß zwingend mit einem umfassenden und komplizierten physischen Prozeß verbunden ist, ja, daß es bei der Wertproduktion ohne diese physische Produktion gar nicht geht, weil es keinen Wert und keine Wertentstehung geben kann, ohne daß dem ein physisch-materieller Nutzen beziehungsweise Gebrauchswert zugrunde liegt. Damit aber entsteht sofort eine viel kompliziertere Situation, als es zunächst erschien. Einerseits steht der Wert- und Wertbildungsprozeß so vollständig im Vordergrund des ökonomisch-gesellschaftlichen Interesses, daß man den ihm zugrunde liegenden physischen Produktionsprozeß gar nicht oder nur sehr fragmentarisch zur Kenntnis nimmt. Andererseits kommt es aber in Wirklichkeit auf die physische Seite entscheidend an, weil alle Wertentstehung und alle ihre Formen und Methoden gerade nicht in der Wert-, sondern in der Natursphäre ihre Quellen und ihren Ursprung haben.

Damit liegt ein ausgeprägter Widerspruch zwischen wertförmiger und physischer Produktion, zwischen Wert und Natur vor. Der Widerspruch besteht darin, daß eine hochgradig zielgerichtete und organisierte Wirtschaft ausgerechnet dadurch zur Optimierung ihrer Ziele gelangt, daß sie sich darauf konzentriert, aus dem ganz und gar unverstandenen Naturganzen alle naturalen Einzelstücke, die Nutzen und Wert zu werden versprechen, herauszubrechen. Was die Ökonomen als Güterproduktion bezeichnen, ist bei Würdigung der Gesamtzusammenhänge im wesentlichen das systematische Durchkämmen, Absuchen und Umformen der evolutiven Produktivität nach industriefähigem und warenfähigem Naturprodukt. Die Tücke dieses Widerspruchs liegt darin, daß das industrieökonomische Bewußtsein die reichtums- und werterzeugende Seite des Reproduktionsprozesses, also die produzierende Physis, als Quelle von Produkt und Wert nicht erkennt und nicht erkennen will, weil sie die Ursache der wunderbaren Werterzeugung "natürlich" für sich selbst vorbehalten will und folglich als Faktoren der Wertbildung die Arbeit und das Kapital benennt, wobei interne Auseinandersetzungen um die Verteilung des erzeugten Wertprodukts zu nicht geringen sozialen Kämpfen führt.

Im Verhältnis von Wertproduktion und physisch-naturaler Reproduktion liegt damit eine klassische Subjekt-Objekt-Beziehung vor. Die organisierte Subjektivität hat als reine Abstraktion aus sich heraus keine Lebenskraft, ja, nicht einmal die Fähigkeit zur Vermehrung ihres abstrakten Wertes, das heißt der Geldeinkommen und der Geldvermögen. Sie ist, um Leben und sich realisieren zu können, absolut von ihrem Objekt abhängig, das sie nicht kennen will, das aber gleichzeitig ihre uneingeschränkte Aneignungsbegierde weckt. Da es kein einziges Quantum abstrakten Wert ohne eine diesem als Substanz zugrunde liegenden Naturqualität geben kann, tobt sich die werteignende Subjektivität mit aller Macht und aller Raffinesse auf den ungeschützten Feldern ihres reichen, aber zunächst wehrlosen Objekts aus und bringt es zu erstaunlichen Leistungen. Aber es sind in Wahrheit die Leistungen der zum Objekt gemachten Naturproduktivität.

Aber ein Subjekt, das in dieser Weise von seinem Objekt abhängig ist, kann kein wirkliches Subjekt sein. Es handelt sich vielmehr um selbstinszenierte Subjektivität, die nur so lange funktioniert, wie die zum Objekt gemachte Natur ihren physischen Reichtum liefern kann. Und hier liegt der Hund begraben. Der Preis für die selbstherrliche Scheinsubjektivität ist hoch, beträgt er doch nicht allein die fortschreitende Selbstgefährdung der wertproduzierenden industriellen Wirtschaftsweise, sondern bedeutet darüber hinaus die Transformation der Naturproduktivität von einer das menschliche Leben hervorbringenden und schützenden Behausung in eine kalte, unwirtliche und den Menschen nicht mehr wohlgesonnene Stätte. Es kann gar keine Frage sein, daß der Widerspruch zwischen Wert und Natur nur einen Überlebenden kennt, nämlich eine physische Welt, die sich gegen das menschliche Leben stellt.

Auch wenn die finalen Aussichten so aussichtslos erscheinen, die konkreten Handlungen auf diesem Wege zeigen sich eher harmlos und sogar als ökonomisch rational. In Abbildung 14 sind die strategischen Orte aufgeführt, an denen im industrieökonomischen Reproduktionsprozeß ganz praktisch der Grundkonflikt zwischen Natur und Gesellschaft ausgetragen wird.

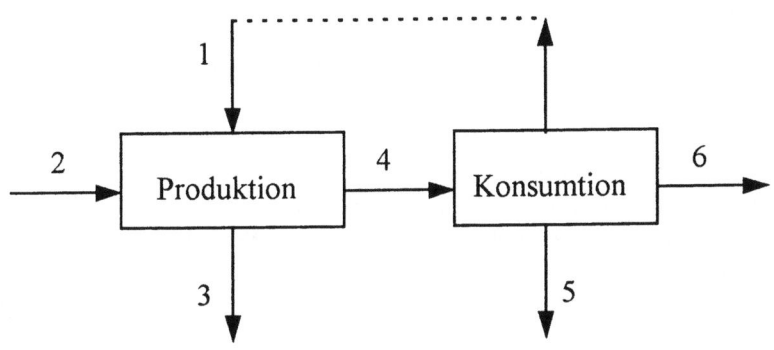

1 = Bewertete Produktionsfaktoren   4 = Unbewertete Outputs der Produkte
2 = Unbewertete Inputs der Produktion   5 = Unbewertete Outputs der Konsumtion
3 = Unbewertete Outputs der Produktion   6 = Bewertete Outputs der Konsumtion

Abb. 14: Strategische Orte des Übergangs von Natur zu Wert

Inputs der Produktion: Dem industrieökonomischen Produktionsprozeß erscheinen die umfassenden Naturprodukte, die bei der Gütererzeugung gebraucht werden, als kostenlose beziehungsweise billige Vorleistungen, die, weil sie niemandem gehören, unbegrenzt angeeignet werden dürfen. Innerhalb der industriellen Rationalität handelt es sich bei diesen Vorleistungen lediglich um Rohstoffe, Ausgangsmaterial und allgemeine Naturbedingungen der Produktion, die sowohl unbegrenzt vorhanden als auch wert- und kostenlos sind. Einer genaueren Betrachtung hält diese Ansicht aber nicht stand. Im industriellen Produktionsprozeß werden Naturprodukt und Naturproduktivität lediglich in extremer Weise organisiert, gemanagt. Die produzierte Quelle bei der "Erzeugung" jedes materiellen Produkts bleibt auch im Industriebetrieb das Ensemble der Naturkräfte in Verbindung mit der menschlichen

Arbeit als besondere Naturkraft. Die "Inputs der Produktion" sind jenseits einer verkürzten technokratischen Sicht immer schon Produkte.

Outputs der Produktion: Das beabsichtigte Ergebnis des Produktionsprozesses, das Produkt und sein Wert, wird begleitet von einer ganzen Anzahl von Kuppelprodukten, die unerwünschte, aber unvermeidbare Nebeneffekte der Gütererzeugung darstellen. Allerdings vermittelt die Rationalität des Geldwertes meist einen ganz falschen Eindruck von der Qualität dieser "Nebenprodukte". Weil man sie kostenlos oder billig auf Umwelt und Natur abwälzen kann, scheinen sie von untergeordneter Bedeutung zu sein und werden von der Gesellschaft rasch in die verschwiegene anale Ecke gebracht. Sie sind Abfall im weitesten Sinn und daher möglichst schnell aus dem gesellschaftlichen Bewußtsein hinausgedrängt.

Tatsächlich aber stellen die Outputs der Produktion qualitativ etwas ganz anderes dar. Sie sind nicht Neben- sondern Hauptprodukt, und sie sind vor allem neue ungewollte Produktivität. Wegen der einseitigen Konzentration auf die Geldwerte übersehen Betriebe und Gesamtwirtschaft, daß in materieller Hinsicht die beabsichtigten Produkte oft nur einen kleinen Ausschnitt der gesamten physischen Wirkungen und Veränderungen innerhalb des Reproduktionsprozesses darstellen. Aber die Gesamtwirkungen werden - oft genug absichtlich - vernachlässigt, weil sie entweder wertneutral erscheinen oder aber eine gezielte Strategie der Kostenabwälzung sind. Der Gegensatz von hochsensiblem Wertinteresse und materieller Gleichgültigkeit bei den Kuppelprodukten führt zu tragischen Fehlentscheidungen. So erscheint es als vollkommen rational, für wenige Geldeinheiten zusätzlichen Gewinns beim Einzelnen der Gesellschaft größte Umweltbelastungen aufzudrükken. Hier liegt eine systematische Ursache dafür, daß man bei jeder Wertvermehrung fragen muß, in welchem Maß gleichzeitig der Zustand der Natur durch die "Nebenprodukte" verschlechtert wird, ohne daß ein Wertverlust formal verbucht wurde. Das Wachstum der Sozialprodukte kann daher sehr wohl von einem analogen und vielleicht sogar überproportionalen Verlust am produktiven Naturvermögen begleitet sein, über den es keine betriebliche oder gesamtwirtschaftliche Rechnungslegung gibt. Aber nicht die bloße Quantität dieses Schadens ist das eigentliche ökonomische Problem, sondern daß die Summe der physischen Transformation als neue und schlechtere Produktivität zum Ausgangspunkt der bevorstehenden Produktionsperiode wird. Während das ökonomische System sich also einbildet, seinen Produktreichtum ständig zu erhöhen, senkt es das Niveau seiner naturalen Produktivität nachhaltig ab. Die wirtschaftlichen Schäden an der reproduktiven Produktivität sind aber viel höher einzuschätzen als die Wertgewinne, weil Produkte hergestellt werden, indem die Quellen für zukünftige Produkte zerstört werden.

Outputs der Konsumtion: Die Konsumenten haben es auf einen bestimmten physischen Nutzen abgesehen, den sie im Prozeß des Verzehrs eines Produkts verbrauchen. Schon hier liegt eine Inkonsequenz. Vom Standpunkt des einzelnen Verbrauchers des Nutzens ist der Konsumtionsprozeß vollständig abgeschlossen, wenn das Produkt seine Nutzeneigenschaften verloren hat. Es hat dann eine vollständige Entwertung des Nutzens stattgefunden, und es gibt für den Konsumenten eigentlich keinen Grund mehr, sich weitere Gedanken zu machen. Jenseits der Konsumtion verliert der Verbraucher sein Interesse an der übriggebliebenen Materie. Auf der anderen Seite ist gemäß des physikalischen Massen- und Energieerhaltungssatzes kein Atom und kein Energiequant Materie während der Konsumtion verschwunden, sondern lediglich transformiert. Und gemäß des Entropiegesetzes ist die produktive Ordnungsstruktur der Materie durch die Konsumtion gesunken und die Entropie hat zugenommen, so daß die Gesellschaft allen Grund hätte, der vernutzten Materie alle ökonomische Aufmerksamkeit zukommen zu lassen, damit der "Abfall" nicht in einer Form anfällt, die zum physischen Problem wird. Denn auch hier gilt selbstverständlich, daß jedes verbrauchte Produkt als aktive Materie die nächste Stufe der produktiven Erzeugung einleitet. Die wohlgefällige, aber kurzschlüssige Annahme des Konsumenten, was er "hinter" sich läßt, existiert nicht mehr, entspricht nicht der materiellen Wirklichkeit. Jenseits der Konsumtion geht die Ökonomie mit der Materie weiter. Wer das nicht früh genug einsieht, wird später unter ungleich schlechteren Bedingungen dazu gezwungen.

Wir haben absichtlich etwas technokratisch von den Input- und Outputgrößen der Produktion und der Konsumtion gesprochen und damit das lineare Element angedeutet, das der wertökonomischen Betrachtung der Reproduktion zugrunde liegt. Der einfache wertökonomische Reproduktionsring zieht gewissermaßen eine viel zu einfache lineare Erfassung der materiellen Ströme während der Produktion und Konsumtion nach sich. Dabei erscheint bemerkenswert, daß der Verwertungsprozeß der eingesetzten Geldfaktoren kreislaufförmig erfaßt wird, dagegen die diesem Geldkreislauf zwingend unterlegten Materieprozesse als lineare Durchflüsse betrachtet werden. Während die industrielle Ökonomie peinlichst genau aufspürt, wo jeder Pfennig innerhalb der Geld- und Kapitalkreisläufe bleibt, kümmert sie sich um Ursprung und Verbleib der dazugehörenden Materie grundsätzlich nicht. Logischerweise muß es zur Konfrontation zwischen wertförmiger und physischer Reproduktion kommen.

4.2 Die Konfrontation zwischen wertförmiger und physischer Reproduktion

Sowohl die Produktionsbetriebe als auch die Konsumenten verfügen über Strategien zur Optimierung ihrer jeweiligen Wert-Physis-Beziehungen. Der Unterschied ist, daß die Produzenten ihre Strategien einsetzen, um möglichst viel Geldwert als Gewinn zu realisieren, die Konsumenten dagegen das strategische Ziel verfolgen, ihr Einkommen so auszugeben, daß damit ein optimaler physischer Nutzen erzielt werden kann. Die Konfrontation von wertförmiger und physischer Reproduktion soll daher an diesen beiden Wirtschaftssubjekten verdeutlicht werden.

Zunächst zu den Produktionsbetrieben: Sie können ihre Zielfunktion der Optimierung des Unternehmergewinns beziehungsweise der Kapitalrentabilität auf der physischen Seite sowohl durch Ertrags- als auch durch Kostenstrategien erreichen.

Die Ertragsseite ist logischerweise auf die Qualität des Produkts gerichtet. Die Betriebe verbessern ihre Situation am Markt, wenn sie in der physischen Qualität ihrer Produkte einen Konkurrenzvorteil durchsetzen können. Diesen können sie erzielen, indem sie möglichst viel und gute Naturqualität aus dem Gesamtökosystem entziehen und in Produkte umformen. Dieser Prozeß der Umformung kann sehr verschiedene Ausprägungen annehmen, sie reichen vom geschickten Einsammeln von Naturqualitäten bis hin zur anthropomorphen Naturtransformation mittels des technischen Fortschritts, etwa durch Anwendung von Naturwissenschaft. Auch bei noch so intensiver technischer Umformung oder Entwicklung von physischen Qualitäten zu Produkten bleibt unbedingt festzuhalten, daß es der Käufer bei der Konsumtion des Produkts praktisch immer auf die Nutzung einer Natureigenschaft abgesehen hat und keineswegs auf Produktqualitäten, die außerhalb der physischen Rehabilitäten liegen. Auch wenn es im ersten Moment etwas fremd klingen mag, gerade durch die Tatsache, daß die Menschen immer durch Körper und Geist der Natursphäre angehören, mittels Produktion und Konsumtion die Vermittlung mit ihrer äußeren Natur herstellen und allein dadurch ihr physisch-geistiges Leben aufrechterhalten können, bedeutet auf der anderen Seite, daß sie in den Produkten, die sie kaufen, im wesentlichen der unterschiedlichsten Naturqualitäten bedürfen. Obwohl also die industrielle Produktion sich einbildet, eigentlich nicht mehr viel mit Natur zu tun zu haben, zeigt ihre Praxis ein ganz anderes Bild. Tatsächlich ist sie unablässig auf der Suche nach neuen physischen Eigenschaften der Ökosysteme, die der menschlichen Konsumtion zuzuführen sind. Technik und Technologien haben hierbei lediglich die Funktion von großen Transformatoren. Ob wir neue Baumaterialien oder Mikrocomputer nehmen, auch die ausgeprägtesten industriellen Produkte erweisen sich sowohl unter dem Aspekt ihres Verzehrs als auch unter dem der Herstellung als durchaus naturnah.

Für die Ertragsseite der Produktion bedeutet dies, daß das unablässige Durchkämmen der Evolutionsreserven nach Naturqualität den treibenden Motor bei der gesamten Produktentwicklung darstellt. Der gesamte technische Fortschritt der industriellen Produktion konzentriert sich auf das immer weitergehende aneignende Verstehen der Naturproduktivität. Man entreißt dem Evolutionsreichtum ein Geheimnis nach dem anderen, um es in Produkte umwandeln zu können. Die radikale Selektion der physischen Zusammenhänge nach Produkt ist schlechthin die betriebliche Strategie zur Ertragssteigerung. Das betriebliche Streben nach neuen Ertragsquellen ist bei genauerem Hinsehen keineswegs ein Abrücken von, sondern ein immer weitergehendes Eindringen in die Natur.

Auch die betrieblichen Strategien zur Kostensenkung haben ganz offensichtlich sehr viel mit der Formung der Natur zu tun, allerdings in negativem Sinn. Relevant dafür sind die Input-Seite und Output-Seite der Produktion. Die Betriebe versuchen, kostenlose Naturqualität maximal in den Produktionsprozeß zu internalisieren sowie kostenverursachende Emissionen in möglichst großem Umfang zu externalisieren. Jede Einheit kostenlos internalisierter Produktivität wirkt sich ebenso unmittelbar auf die Betriebskosten aus wie jede Einheit externalisierter Schadstoffe. Von der einzelbetrieblichen Rationalität her betrachtet ist es also regelrecht erforderlich, das Kostenniveau der Produktion dadurch zu senken, daß auf den Input- und Outputseiten des Einzelbetriebes möglichst viele Belastungen auf die äußere Natur abgewälzt werden.

Die Konsumenten schließen sich dieser Strategie prinzipiell an, wenn auch mit einer leichten Modifikation. Ihnen geht es weniger um Kostensenkung als um Optimierung ihrer konsumtiven Ausgaben. Durch einen entsprechenden Umgang mit der Natur können die Konsumenten indirekt ihr Einkommen erhöhen. Zu diesem Zweck versuchen sie, denselben physischen Nutzen durch Externalisierung von Umweltschäden für sich selbst billiger zu machen. Indem sie die Vermeidungsbeziehungsweise Wiederherstellungskosten konsumtiv zerstörter Natur auf die Allgemeinheit beziehungsweise auf die zukünftigen Generationen abwälzen, können sie sich bei gleichem Budget mehr Konsum leisten als diejenigen, die für diese Kosten aufkommen. Diese Methode der Einkommenserhöhung ist nicht nur weit verbreitet und wird von der Gesellschaft wenig sanktioniert, sie ist für den Verbraucher höchst lohnend, weil er teilweise eine (indirekte) Vervielfachung seines Einkommens erzielen kann. Dies ist immer dann der Fall, wenn die Vermeidungs- beziehungsweise Wiederherstellungskosten einer bestimmten Konsumtion höher sind als der Kaufpreis des Produkts. Man möge sich einmal vorstellen, was folgende Produkte kosten müßten, wenn die Konsumenten auch die Vermeidung der durch sie ausgelösten Umweltschäden beziehungsweise die Wiederherstellung bezahlen müßten: ein Joghurtbecher, dessen Produktionskomponenten hunderte Kilometer auf Straßen transportiert wurden; die Verbrennung von Kohle und Öl, deren komplexe Umweltschädigungen zu horrenden Wiederherstellungskosten führen müßten. Jede konsumtive Ausgabe besteht im Grunde aus zwei Komponenten: erstens aus dem Kostenanteil, der für den Kauf des Produkts bezahlt werden muß, zweitens aus dem Kostenanteil, der durch die konsumtive Schädigung der Umwelt entsteht, wenn man ihn bezahlen müßte. Die indirekte Erhöhung der konsumtiven Einkommen ist eine vielleicht unbewußte Strategie der Verbraucher, die in ihrer ganzen Tragweite der Gesellschaft noch gar nicht klar ist. Vermeintlich wäre ihr quantitativer Umfang größer als die tatsächlichen konsumtiven Ausgaben.

Die Konfrontation zwischen wertförmiger und physischer Reproduktion ist darin begründet, daß sowohl Produzenten als auch Konsumenten ihre ökonomischen Interessen der Werterzeugung und des Wertverbrauchs dadurch optimieren können, daß sie sich der ganzen physischen Reproduktionsbasis bedienen. Damit existiert im Verhältnis von Geld und Natur ein äußerst destruktives gesellschaftliches Verhaltensmuster. Die Optimierung des abstrakten Geldreichtums scheint nur zu erzielen zu sein, indem der physische Reichtum und die natürlichen Lebensgrundlagen zur Disposition gestellt werden. Und auch der Umkehrschluß dieses Gedankens scheint wahr zu sein: Der physische Reichtum der Natur kann nur erhalten werden, indem die Mechanismen der Geldwerterzeugung in der Industriegesellschaft außer Kraft gesetzt werden. Es kann kaum ein Zweifel bestehen, daß ein Verharren der Menschen und ihrer Gesellschaften im Strukturgitter dieses Konfliktes zu verheerenden Folgen führen muß. Eine Konfrontation in dem Sinne, daß eine erfolgreiche Ökonomie nur betrieben werden kann, indem ein erfolgreiches physisch-biologisches Leben nachhaltig gefährdet wird, muß zeitlich limitiert sein und kann nur mit einer vernichtenden Niederlage der ökonomischen Organisation enden. In einer feindlichen Konfrontation von Natur und Ökonomie hat letztere keine Chance.

Nun ist die Konfrontation von wertförmiger und physischer Reproduktion kein Naturgesetz. Auch wenn es durch die lange Geschichte der industriellen Entwicklung so scheint, als ob das destruktive Verhältnis von Mensch und Natur im wirtschaftlichen Verhalten eine Art unausweichliche Gesetzmäßigkeit angenommen hätte, so gilt es doch hervorzuheben, daß es in der Subjektivität der Menschen und ihrer Organisation in der Gesellschaft liegt, das Mensch-Natur-Verhältnis auf eine vollkommen andere Grundlage zu stellen. Um sich allerdings einer "konstruktiven" Lösung des ökonomischen Verhaltens zur Natur widmen zu können, müssen die Ursachen dafür, warum der so erfolgreich erscheinende industrielle Geschichtsweg in eine derart gefährliche Sackgasse der menschlichen Evolution geführt hat, genau identifiziert werden.

Es ist billig und oberflächlich, das wirtschaftliche Streben etwa nach Einkommen, Zins oder Wachstum als eigentliche Ursache einer gestörten Naturbeziehung zu betrachten. Eine vorlaute Verurteilung bestimmter ökonomischer Verhaltensweisen mag hier und dort Applaus erhalten, aber man muß sehr vorsichtig sein, wenn man Ursache und Erscheinung auseinanderhalten will. Mit populistischen Forderungen nach Ende des Wachstums oder nach Stopp der technischen Fortschritte ist der Natur noch nicht geholfen. Dies dürfte schon deshalb einleuchten, weil es zu den Wesensmerkmalen der Evolution der Natur gehört, einen autopoietischen Prozeß des Wachstums und der Entwicklung anzugehören. Der Eintritt der menschlichen Art in diesen Naturprozeß ist selbst dessen produzierendes Resultat, denn die Menschen sind selbst Produkte der Natur. Allerdings sind sie innerhalb der biotischen Evolution mit einer ganz besonderen Eigenschaft ausgestattet: Sie verfügen über ein Bewußtsein von ihrem Sein, sie sind in der Lage, ihre Handlungen bewußt zu bedenken und sie mit bestimmten Zielen und Absichten zu besetzen. Dadurch geraten die Menschen innerhalb des Evolutionsprozesses in eine ganz besondere Situation. Sie sind nicht nur Produkte der Evolution, sondern werden darüber hinaus auch zu ihren Gestaltern - zu ihren Produzenten.

An dieser Stelle beginnt Ökonomie. Gerade durch die Fähigkeit zum Bewußtsein von den Dingen und der bewußten Gestaltung der Dinge sind die Menschen in der Lage, durch wirtschaftliche Urteile und Entscheidungen ihre individuelle und soziale Reproduktion zu organisieren. Ihre Handlungen sind nicht mehr allein instinktiv geregelt und gesteuert, sondern sie werden frei in dem Sinn, daß sowohl die Ziele als auch die Wege zu ihnen innerhalb eines recht großen Dispositionsraumes gefunden werden können. Die wirtschaftliche Ziel- und Handlungsfreiheit scheint außerordentlich weitgesteckt zu sein und findet erst dort ihre Schranken und Grenzen, wo das Reich der Freiheit mit dem Reich der materiellen Notwendigkeiten kollidiert. Erst in diesem Sinne ist die menschliche Natur frei und unfrei zugleich. Sie kann sich über die materielle Natur auf keinen Fall hinwegsetzen, aber sie kann sie im Rahmen ihrer Erkenntnisgrenzen gestalten. Die Natur gibt den Menschen und ihrer Ökonomie Freiheit und Notwendigkeit als Einheit. Je mehr sie die Natur verstehen und entsprechend gestalten, desto größer wird die Freiheit, die die Natur ihnen in ihren Handlungen einräumt. Aber je weniger die Menschen die Bedingungen der materiellen Natur akzeptieren und achten, desto geringer wird ihr Lebensraum. Die größte Unfreiheit, die die Menschen von der Natur erfahren können, ist jene Freiheit, die keine Rücksicht auf die Natur nimmt.

In diesem Zusammenhang ist der Kern der heutigen ökologischen Krise zu erkennen. Dieser liegt nicht darin, daß wirtschaftliche Güter produziert und konsumiert werden und daß damit verbunden ein ökonomisches System besteht, um das Kategorien wie Geld, Tausch, Einkommen, Zins oder Wachstum funktional gruppiert sind. Vielmehr erkennt die Gesellschaft - exerziert durch ihre ökonomischen Entscheidungen - nicht oder viel zu wenig den Zusammenhang, in dem sich die Natur innerhalb der wirtschaftlichen Handlungen und Entscheidungen befindet. Die gesellschaftliche Praxis gerät seit der Industrialisierung in einen bemerkenswerten Widerspruch: Sie verdankt praktisch sämtliche Fortschritte, wissenschaftliche Erkenntnisse und ökonomische Leistungen einer systematischen Aneignung der Naturkräfte als Produktivität und als Produkte. Die Industrie und ihr Reichtum stellen letztlich nichts anderes dar als eine virtuose Handhabung der Fähigkeiten, die unendlich erscheinenden Schätze der Natur abzuschöpfen und sie mit wissenschaftlich-technologischen Methoden massenhaft verfügbar zu machen. Aber im gleichen Zug wird die Quelle dieses ganzen Reichtums als Produktivität und Subjektivität ganz und gar geleugnet. Die Industrie, die alles der Natur verdankt und keinen Pfennig ohne jene hervorbringen könnte, stellt sich bewußtlos, blind und taub, wenn man sie nach Natur fragt. Die moderne Gesellschaft und ihre Wirtschaft können mit genialen Erkenntnissen aufwarten, wenn es darum geht, den Reichtum der Ökosysteme auszusaugen, herauszubrechen, zu isolieren, zu multiplizieren, zu partikulieren und zu sezieren, aber sie reagieren verständnislos und erstaunt, wenn man sie fragt, welche wirtschaftlichen Anstrengungen sie zur Erhaltung dieser umfassenden Reichtumspenderin unternehmen. Die moderne Gesellschaft hat ein radikal entwickeltes Bewußtsein vom qualitativen Vermögen der Natur und von den Techniken zu dessen Plünderung, aber sie leugnet gleichzeitig ihre analoge Verantwortung für dessen Erhalt und Wiederherstellung. Doch das größte und reichste Vermögen muß einmal in die Brüche gehen, wenn einem grenzenlosen Recht auf Abbuchung gewissermaßen die totale Unfähigkeit zum Vermögenserhalt gegenübersteht.

Die von der modernen Industriegesellschaft produzierte ökologische Krise ist nicht das Resultat von einzelnen Fehlern innerhalb eines im großen und ganzen richtig arbeitenden wirtschaftlichen Systems, sondern ist Ergebnis eines Systemfehlers im großen und ganzen. Dieser besteht darin, daß die produktiven und konsumtiven Handlungen der Wirtschaftssubjekte, das heißt der Menschen und ihrer ökonomischen Organisationsformen, nicht zum Zweck der physischen und sozialen Reproduktion erfolgen. Ergebnis von Produktion und Konsumtion innerhalb der Gesellschaft ist zwar die Befriedigung vielfältiger individueller Bedürfnisse, aber gerade nicht die Gestaltung und Wiederherstellung jener Lebensgrundlage, die die Voraussetzung, der Zweck und das Ziel aller wirtschaftlichen Handlungen sein oder zumindest mit enthalten müßten.

Das fehlende Bewußtsein von der Natur führt zur Vereinzelung, ja, sogar zum widersprüchlichen Zerfall in den Wirkungen der einzelnen ökonomischen Handlungen. Die Summe der die Materie betreffenden Entscheidungen der Produzenten und Konsumenten führt gerade nicht zur gewünschten Reproduktion der ganzen Natur. Die Wiederherstellung und Gestaltung der Natur aber ist das überragende Ziel jeglicher ökologischer Ökonomie. Ja, es ist sogar die Frage, ob die physische Reproduktion nicht ganz allgemein für jede Wirtschaftsweise als erste und alles andere überragende Zielsetzung gelten muß, weil ein Wirtschaften, das dieses Oberziel systematisch verpaßt, aus der inneren Logik heraus zum physischen Untergang bestimmt ist.

Die Konfrontation von wertförmiger und physischer Reproduktion ist innerhalb der industriellen Ökonomie ein empirisches Faktum geworden. Die vielschichtige und vielgestaltige ökologische Krise liefert die konkreten Beweise. In theoretischer Hinsicht liegen die Ursachen in der Tatsache begründet, daß sich die Qualität der Natur nicht rational in Werten und Preisen ausdrückt. Die Reproduktion der Natur findet nicht statt, weil die Wertsysteme der modernen Ökonomie ein solches Wirtschaftsziel nicht systematisch induzieren. Dies gilt übrigens nicht nur für moderne Marktgesellschaften, sondern ebenfalls und zum Teil noch gravierender für Steuerungs- und Planungssysteme. Aber die Tatsache, daß Natur und ihre Qualitäten nicht die ihnen zustehenden Werte und Preise erhalten, liegt eben nicht an einem instrumentell nicht ausreichend wirkenden Instrumentarium der Wirtschaft, sondern an der vollkommen unzureichenden Wahrnehmung der Natur, ihrer Produktivität und ihrer Produkte. Wenn also die Naturqualitäten solche ökonomischen Werte und Preise erhalten sollen, die eine faire Reproduktion der Natur erst ermöglichen können, dann ist das nur dann möglich, wenn die Natur selbst zum übergeordneten wirtschaftlichen Ziel der Gesellschaft gemacht wird, in dessen Folge dann Werte, Preise sowie Steuerungs- und Regelungsmechanismen zugunsten der Naturreproduktion eingesetzt werden können. Nur so ist der destruktive Weg der Konfrontation zwischen wertförmiger und physischer Reproduktion zu verlassen.

4.3 Kooperation zwischen wertförmiger und physischer Reproduktion

Die Vision einer Harmonie zwischen Mensch und Natur beziehungsweise zwischen Ökonomie und Ökologie darf nicht Träumern überlassen werden. Sie stellt eine Überlebensstrategie der Menschheit schlechthin dar. Mit Worten läßt sie sich ziemlich leicht erreichen, aber sie ist tatsächlich nur extrem schwierig zu realisieren und stellt ein tiefgreifendes Reformprogramm der Industriegesellschaften auf der ganzen Erde dar.

In ökonomische Sprache übersetzt bedeutet Harmonie von Mensch und Natur, die wertförmige und die physische Reproduktion der Individuen und der Gesellschaft in praxisfähigen Einklang zu bringen. Eine einseitige wertförmige Reproduktion ist zum Scheitern verurteilt, weil sich die ganze Natur niemals vollständig in Werte und Preise zum Ausdruck bringen läßt. Aber auch eine reine physische Reproduktion - eine Wirtschaft ohne Geld und Waren - kann nicht funktionieren, weil sie eine absolute Zentralverwaltungswirtschaft, eine Ökodiktatur ohne jegliche menschliche Entscheidungsfreiheit und Urteilsfähigkeit bedeuten würde. Ob wir es wollen oder nicht, der praktische historische Weg zu einer ökologisch reformierten Gesellschaft liegt in der mühsamen Kooperation zwischen wertförmiger und physischer Reproduktion. Eine funktionierende Einheit von wertförmiger und physischer Reproduktion ist in theoretischer Hinsicht als moderne Naturgesellschaft mit Sicherheit möglich, ob sie auch als gesellschaftliche Praxis zum Zuge kommen wird, ist einzig und allein davon abhängig, ob die Menschen insbesondere in ihrer Eigenschaft als Wirtschaftssubjekte dies haben wollen und ob sie ihre Entscheidungsträger, Unternehmen, Gesellschaftsordnungen und politischen Systeme mit Macht und Recht ausstatten, dieses alles andere überragende Reformziel globaler Ökonomie und Politik zu erreichen.

Die Einheit von physischer und wertförmiger Reproduktion erlaubt keine Gleichrangigkeit beider Komponenten. Allerdings zeigt das praktische Leben heute eine krasse Dominanz des Geldes über die Natur. Die Qualitäten der Evolution werden wo immer möglich der Rationalität der Geldwerte untergeordnet. Natur scheint gegenüber dem Zugriff der sie taxierenden und aneignenden Geldwirtschaft keine Chance zu haben.

Und doch täuscht dieser Blick. Alle Siege des Geldes über die Natur sind Phyrrussiege. Alle Erfolge der Geldrationalität geraten zur puren Destruktivität der Materie, wenn sie gegen die Physis und ihre Einheit von Produkt und Produktivität gerichtet sind. Die gezielte wirtschaftliche Verwertung von einigen "Stücken" Natur zum Zweck der Geldwertproduktion erweist sich als riesiger wirtschaftlicher Schaden, wenn der einzelnen Einkommensvermehrung eine Störung oder gar eine Zerstörung naturaler Qualitäten gegenübersteht. Weil in jedem einzelnen Geldwert eine physische Substanz als werttragendes Gegenüber enthalten sein muß und deshalb Geldwert ohne Naturprodukt gar nicht existieren kann, bewirkt das Aneignen der Natur mittels einer einseitigen Geldwertrationalität zwingend die systematische Zerstörung von Naturproduktivität. Eine Wirtschaftsweise, die ihre Wertproduktion nur dadurch erreichen kann, daß sie die Aneignung der wertschöpfenden Naturprodukte zum Preis der Vernichtung jener physischen Produktivitäten erreicht, die doch selbst wieder die zwingende Voraussetzung erneuter Produkterzeugung darstellt, hat eine ruinöse Systemstruktur und wird nicht lange bestehen können.

Die Sache läge anders, wenn alle Natur in Geldwert erfaßbar wäre oder gar Geldscheine als Früchte an den Bäumen wachsen würden. Aber so ist die Natur nicht. Sie hat eine ausschließlich physische Identität und läßt auch den Gedanken, die Vernunft und das Bewußtsein nur auf der Grundlage eines materiellen Seins zu. Die Abstraktion ist ihr fremd, widersprüchlich und stellt so gesehen die einzige und eigentliche Nichtnatur dar. Es ist daher unmöglich, den Evolutionsprozeß in seinem Wechselspiel von naturaler Produktivität und physischem Produkt (natura naturans - natura naturata) vom Standpunkt der Abstraktion und insbesondere von dem der geldförmigen Abstraktion zu verstehen. Selbstverständlich können Geldkalküle die Natur und ihre Wege elementar beeinflussen und dramatische Effekte auslösen, etwa die Ausrottung von Arten, die ökologische Zerstörung von Leben und Lebensräumen oder die Veränderung des Klimas mit massiven Evolutionsfolgen, aber nichts wäre falscher als die Ansicht, die Natur wäre dadurch wirklich beeindruckt. Das Geld und seine Kalküle brauchen die Natur, um überhaupt existieren zu können, die Natur braucht das Geld nicht.

Damit sind die Verhältnisse klar. Die Natur hat das Primat gegenüber abstraktem Wert und Geld. Wir können niemals die Natur verstehen, wenn wir vom Geld ausgehen. Wir können nicht einmal das Geld und seine Bewegungen verstehen, wenn wir vom abstrakten Wert ausgehen, weil Geld vollkommen sinnlos ist, wenn es seiner materiellen Substanz beraubt ist.

Aber wir können Wert und Geld verstehen, wenn wir von der Natur ausgehen. Als erstes kann festgehalten werden, daß nur ein Teil der ganzen Natur dem Geld beziehungsweise dem Wert zugänglich ist. Wer einen Goldklumpen findet, wird sofort seinen Wert zu ermessen versuchen. Wer ein Grundstück auf Hawai besitzt, wird sich seines Vermögens bewußt sein. Wer einen nützlichen chemischen Prozeß entdeckt, wird ein Patent anmelden und auf eine Einkommensquelle hoffen. Aber absurd wäre es, jemandem den Himmel zwischen zwanzigstem und dreißigstem Breitengrad zu verkaufen. Grippeviren wird keiner bezahlen wollen. Die Schönheit einer Blüte ist, selbst wenn man ihre Trägerin gekauft und in die Vase gestellt hat, unbezahlbar. Die Natur geht im Detail und im Ganzen fast bis ins Unendliche über das hinaus, was Wert und Geld erfassen können.

Die Kooperation zwischen wertförmiger und physischer Reproduktion beginnt also beim eigenständigen und primären Verständnis des Naturprozesses in seiner Einheit von Produktivität und Produkt. Auch die moderne Gesellschaft mit ihrer begrenzten Subjektivität gegenüber der Physis, das heißt mit ihrer Fähigkeit zur bewußten Naturgestaltung, muß in ihrer Ökonomie Natur verstehen, wenn sie wissen will, was ihre Wirtschaft, Wissenschaft und Technik tun. Sie muß entscheiden, welche technischen Fortschritte sie haben will und welche nicht, welche Evolutionsrisiken sie beispielsweise durch die Gentechnik eingehen will und welche nicht, wie die Biotope des menschlichen Daseins aussehen sollen und wie nicht, wie gesund die Menschen essen, wie schön sie wohnen, wie mobil sie sein wollen und in welchen naturalen und sozialen Formen sie zusammenleben wollen. Dies alles sind im Kern Entscheidungen über die Qualität der Natur, und es sind gleichzeitig die Produkte ihrer wirtschaftlichen Tätigkeit. Hier wird offensichtlich, daß Natur und Produkt nur in unserem industriell-ökologischen Konfliktbewußtsein zu Gegensätzen werden, tatsächlich handelt es sich um Identitäten. Unsere Natur sind unsere Produkte. Unsere Produkte sind unsere Natur.

Die Folgen sind klar: Wir bekommen dann und nur dann eine humane Natur, wenn wir uns zur Natur human verhalten. Aber wir "verhalten" uns zur Natur, indem wir Produkte herstellen und konsumieren. Die Formen von Produktion und Konsumtion sind die wirklichen Gestalter unserer Natur. Wenn die Methoden und Formen der physischen Reproduktion als Einheit von Produktivität und Produkt nicht aus den zugleich humanen und natürlichen Kriterien des Physischen erwachsen, wenn statt dessen die abstrakte Wertproduktion und deren unendliche Mechanik zu den Machern des materiellen Seins werden, in dem wir leben, werden wir uns produzierend und konsumierend eine Natur reproduzieren, die uns Schritt für Schritt, Stück für Stück, Art nach Art, Lebensform nach Lebensform und Quant nach Quant immer weniger haben will, bis wir selbst endlich jenes finale Produkt hervorgebracht haben werden, das eine Natur darstellt, die mit uns selbst unverträglich geworden sein wird. Dann haben wir uns selbst aus der Natur hinausproduziert.

Die positive Vision sieht anders aus, und der geschichtliche Weg zu ihr erscheint immer noch einigermaßen begehbar. Die Wirtschaftsweise lernt in ihrer gesellschaftlichen Praxis (und Theorie) das Primat der Physis gegenüber dem Geldwert konkret umzusetzen. Wenn erst einmal die Dominanz der physischen

Reproduktion von der Gesellschaft, ihren Wirtschaftssubjekten und ihren Entscheidungsträgern eingeräumt ist, eröffnet sich für das praktische Funktionieren des ökonomisch-technologischen Prozesses eines modernen Staates ein sehr großes Feld wertförmiger und geldförmiger Wirtschaft. Die Anerkennung der Natur als Wirtschaftsziel und Wirtschaftszweck bedeutet in keiner Weise eine Ablehnung der geldförmigen Ökonomie an sich. Natürlich sind monetäre Zielsetzungen möglich, Wachstumsprozesse erforderlich, technologische Fortschritte erwünscht, produzierende Betriebe unabdingbar und konsumierende Individuen selbstverständlich. Es können Einkommen erarbeitet und Vermögen angehäuft werden. Der menschlichen Arbeit und ihrer Fähigkeit zur Naturumformung fällt eine überragende Rolle zu. Auch geldförmige Wachstumsprozesse und Zinsen auf eingesetzte Kapitale sind in einer ökologischen Wirtschaftsweise möglich. Aber eine strenge Bedingung gilt für all diese Elemente und Komponenten einer modernen, ökologischen und postindustriellen Wirtschaftsweise: Ihre Gültigkeit und ihre Berechtigung werden nicht daraus abgeleitet, welche Opfer die Natur für die vermehrte Geldwertproduktion noch zu leisten vermag, sondern genau umgekehrt, wie die Effizienz und Rationalität der Geldwirtschaft für das Ziel eingesetzt werden kann, eine humanisierte Natur und einen naturalisierten Menschen zu erhalten und immer wieder herzustellen.

5 Natur als Produkt und Produktivität

Sowohl die praktische als auch die theoretische Ökonomie haben ein systematisches Bewußtsein von der Natur und ihrer Produktivität seit über 200 Jahren mehr oder weniger verloren. Natur und Wirtschaft scheinen nichts miteinander zu tun zu haben. Im Gegenteil, wo gewirtschaftet wird, weicht die Natur zurück, und wo sich noch unberührte Natur befindet, soll Wirtschaft nichts zu suchen haben. Das heißt selbstverständlich nicht, daß der Wirtschaftsprozeß in der Realität nichts mit Natur, ihren Materialien, ihren Energien und ihren ökosystemaren Prozessen zu tun hat. Befreit man sich nämlich von einem zu eng gefaßten Naturbegriff und erkennt physische Produktions- und Konsumtionsvorgänge letztlich als Transformationsvorgänge von Materie, dann wird deutlich, daß in jeder produzierenden und konsumierenden Handlung die produktiven Kräfte der Natur beteiligt sind. Dieser Sachverhalt wird von der ökonomischen Rationalität zwar als selbstverständlich und uneingeschränkt hingenommen, als bewußter Faktor des Wirtschaftsprozesses wird er nicht oder nur sehr eingeschränkt betrachtet.

Die ökologische Krise ist das zwangsläufige Ergebnis dieses widersprüchlichen wirtschaftlichen Verhaltens. Sie erscheint geradezu als Produkt dieser Wirtschaftsweise, die von der Natur nichts wissen will, aber alles mit ihr macht. Insofern ist es nicht richtig, von einer ökologischen Krise zu sprechen. Tatsächlich handelt es sich um eine ökonomische Krise, weil das falsche Bewußtsein der Ökonomie von der Natur zu einem irrationalen, ja, teilweise katastrophalen Verhalten zu jener führt. Da die Krise der Natur in diesem Sinne wirtschaftlich produziert ist, müssen sämtliche Ansatzpunkte, dieser Krise Herr werden zu wollen, an der Veränderung des wirtschaftlichen Verhaltens orientiert sein. Wer die Krise mit der Natur bewältigen will, muß den wirtschaftlichen Umgang mit der Natur verändern.

Eine physisch begründete und reproduktiv organisierte Ökonomie beruht auf zwei logisch miteinander verknüpften Teilaussagen:

1. Die Natur selbst ist der zentrale Produktionsfaktor im Wirtschaftsprozeß. Solange dieser Produktionsfaktor von der ökonomischen Rationalität nicht oder nicht ausreichend begriffen wird, wird ein gesellschaftlicher Konflikt produziert, an dessen Ende zwingend der Zusammenbruch von Wirtschaft und Gesellschaft stehen muß. Daher wird mit dem Anwachsen der industriell produzierten Naturkrise die Integration des Faktors Natur in den Wirtschaftsprozeß zu einer vorrangig zu leistenden Aufgabe. Um aber dieser Aufgabe gerecht werden zu können, bedarf es

einer tiefgreifenden Neuorganisation des produzierenden und konsumierenden Wirtschaftsablaufs. Die bisher vorherrschende geldwerte Rationalität der Ökonomie kann der gestellten Aufgabe nicht gerecht werden, weil die Produktivität der gesamten Natur vom Standpunkt der Geldrationalität nur eingeschränkt begriffen werden kann. Hier muß es zu einer folgenschweren Umkehr der wirtschaftlichen Rationalität kommen: Der Wirtschaftsprozeß wird von einer dominant physisch-materiellen Rationalität gesteuert werden müssen, in deren Folge selbstverständlich geldwerte Rationalitäten ihren Sinn, ihre Berechtigung und ihre Notwendigkeit haben. Ausschlaggebend ist aber die ökonomische Einsicht in die materiellen Qualitäten und Bedingtheiten der Naturprozesse. Unter diesen Bedingungen kann ein Produktionsfaktor Natur erfolgreich in den betrieblichen und gesellschaftlichen Reproduktionsprozeß einbezogen werden.

2. Natur ist nicht nur Produktionsfaktor, sondern auch Produkt. Indem Natur Produkt des Wirtschaftsprozesses ist, wird die Gestaltung und Herstellung von Natur zum Zweck, Inhalt und Ziel der wirtschaftlichen Tätigkeiten.

Erst in der Einheit der Natur als Produkt und als Produktivität kommt ausreichend zum Ausdruck, welche überragende Bedeutung der Rolle der Natur bei der zukünftigen Gestaltung des gesamten Wirtschaftsprozesses zufällt. Ihrer bisherigen krassen Vernachlässigung im ökonomischen Bewußtsein wird das glatte Gegenteil folgen müssen: Entweder es wird eine Wirtschaftsweise geben, die sich mit unendlicher Mühe um ein vernünftiges Nutzen und Gestalten der Naturkräfte kümmert, oder es wird bald keine moderne Wirtschaftsweise mehr geben. Natur ist nicht nur die von uns unberührte Welt. Sie ist zunehmend von uns gestaltet. Dadurch wird sie zu einem zentralen Faktor des Wirtschaftsprozesses.

5.1 Natur als Produktivität und Produktionsfaktor

5.1.1 Die Praxis macht alles und die Theorie begreift nichts

Es gäbe in der gesellschaftlichen Wirklichkeit überhaupt keinen Konflikt, wenn die Annahme der Wirtschaftswissenschaft, die Natur stünde außerhalb der Ökonomie und sei höchstenfalls eine Art allgemeine Voraussetzung für sie, tatsächlich zuträfe. Wenn der Wirtschaftsprozeß die Naturqualitäten im Prinzip in Ruhe ließe, dann bestünde auch kein Anlaß, den Naturfaktor als besonderen Faktor in die ökonomischen Kalküle einzubeziehen. Ein weiterer Fall relativer Gleichgültigkeit wäre möglich: Die Annahme, Natur sei unendlich vorhanden und deshalb nicht zerstörbar. Wenn es sich bei den ökologischen Qualitäten um eine unendliche Ressource handelte, dann wäre der wirtschaftliche Zugriff auf sie schon deshalb nicht schadhaft, weil unbeschränkte Selbstheilungskräfte der Natursysteme vorhanden wären.

Das wirtschaftliche Denken handelt in einer Art Kombination beider Annahmen. Einerseits setzt es die Natur weit außer sich und verzichtet deshalb darauf, die physischen Produktivitäten als eigenständigen Produktionsfaktor zu reflektieren. Andererseits nimmt es dort, wo Naturressourcen offensichtlich in großen Mengen genutzt werden, deren Unbegrenztheit und Kostenlosigkeit prinzipiell an. Kosten fallen eigentlich nur zu dem Zweck an, durch Arbeits- und Kapitaleinsatz die kostenlosen physischen Produktivitäten zu nutzen. Die Bereitstellung der umfassenden ökologischen Produktivitäten durch die Natursysteme wird als selbstverständlich angenommen.

Wie wenig die wirtschaftswissenschaftliche Theorie hier von der tatsächlichen Bedeutung der Naturqualitäten für den Wirtschaftsprozeß versteht, zeigt schon ein kurzer Blick in die ökonomische Praxis. Der gesamte Industrialisierungsprozeß der vergangenen Jahrhunderte ist im Kern ein großangelegter Abschöpfungsprozeß von physischem Reichtum, den die Evolution über Jahrmillionen aufgebaut hat. Dies beschränkt sich nicht auf die extrahierenden Industriezweige, welche die Qualitäten wie Energieträger oder bestimmte Materialien einfach aus den unterschiedlichen Ökosystemen gewinnen (insbesondere Kohle und Erdöl), sondern setzt sich fort über die tausendfachen biologischen Produktivitäten, die etwa in den Industriezweigen der Nahrungsmittelproduktion, der chemischen Industrie oder der pharmazeutischen Wirtschaftszweige eingesetzt werden. In vielen Fällen stellt die Evolution im Prinzip das fertige Produkt der Ökonomie zur Verfügung, diese transportiert und bearbeitet es lediglich. Wenn das Produktionssystem vom Herstellen der Güter spricht, so zeigt ein genauer Blick, daß dieses Herstellen meistens nur im Bearbeiten und zielgerichteten Präparieren von Eigenschaften besteht, die direkt aus der Evolution kommen. Aber auch bei solchen hochtechnischen Produkten, die einen größeren Arbeits- und Kapitaleinsatz erfordern, handelt es sich im umfassenden Sinn um eine Anpassung von physischen Produktivitäten an menschliche Gebrauchszwecke. Dies gilt sowohl für Automobile und Gebäude als auch für die vielschichtigen chemisch-biologischen Produktionsprozesse. Und gerade neuere Technologien zur Nutzung von Sonnenenergie, die chemische Industrie, Biotechnologie oder Informationstechnologien beweisen den hervorragenden Anteil der physischen Produktivitäten, die innerhalb des menschlichen Produktionsprozesses eigentlich nur aufbereitet werden.

Wenn man sich von dem Blick durch die beiden Brillengläser der Produktionsfaktoren Arbeit und Kapital einmal löst und unvorbelastet auf das produzierende Geschehen schaut, dann muß schlicht eingeräumt werden, daß der menschliche Anteil bei der Herstellung der Produkte eher gering ist. Die Trennung von Produktionssystem und Natur findet ausschließlich in unseren Köpfen, Begriffen und wirtschaftlichen Kalkülen statt. Tatsächlich ist die Herstellung der Produkte nichts anderes als das permanente Eingreifen in naturale Ökosysteme und deren Umwandlung. Es gibt kein einziges Produkt ohne diese Naturbasis. So betrachtet ist der

Wirtschaftsprozeß nichts anderes als ein vom Menschen gestalteter, bisher aber nicht menschlich gestalteter Naturprozeß.

5.1.2 Den Krieg zwischen Arbeit und Kapital hat die Natur verloren

Interessanterweise steht am Anfang der wirtschaftswissenschaftlichen Theorie eine Lehre, die den äußeren Naturkräften, insbesondere denen des Bodens, eine einzigartige Bedeutung gab. Es war die Lehre der Physiokratie. In ihr wurden die Bodenkräfte als die einzigen wirklich produktiven Faktoren der Wertbildung und des Wachstums betrachtet. Die Physiokraten hatten einen radikalen naturwerttheoretischen Ansatz. Da sie diesen progressiven Ansatz allerdings in ein feudales Kostüm fesselten, ging er mit dem Anstieg der arbeitsorientierten Wirtschaftsweisen historisch unter. Seit dieser Zeit bestimmen die Produktionsfaktoren Arbeit und Kapital bis heute die wirtschaftswissenschaftliche Diskussion. Der Produktionsfaktor Boden oder aber die Grundrente spielen im Vergleich dazu eine geringe Rolle.

Die Glanzzeit der Produktionsfaktoren Arbeit und Kapital dauert nun mehr schon über 200 Jahre und erfährt erst in unseren Tagen durch die ökologischen Probleme ihre fundamentale Krise. Auf der Grundlage des Zusammenwirkens dieser beiden Faktoren entwickelte sich das moderne Industriemodell, das das Wirtschaftsleben und die sozialen Verhältnisse in den modernen Gesellschaften schlechthin bestimmt. Das moderne Leben ist kaum mehr ohne die industrielle Wirtschaftsweise denkbar. Gesellschaften, die dieses Entwicklungsniveau noch nicht erreicht haben, tun alles dazu, um den Anschluß an den Industrialismus noch zu schaffen. Die ungeheure Spannung, die in unserer Zeit liegt, besteht gerade darin, daß es zu diesem Wirtschaftsmodell keine praktizierbare Alternative zu geben scheint, aber doch gerade die Naturkrise den Beweis liefert, daß der moderne Industrialismus in voller Fahrt gegen die Betonwand einer drohenden Natur anrennt. So entsteht eine brutale Konfrontation: Einerseits hat sich die industrielle Wirtschaftsweise in eine einzigartige und praktisch konkurrenzlose Machtposition gebracht, andererseits ist gerade diese Wirtschaftsweise offensichtlich nicht in der Lage, den gefährlichsten Konflikt, den die menschlichen Gesellschaften bisher wohl geschaffen hat, nämlich den Krieg gegen die Natur, einigermaßen qualifiziert zu beenden.

Um diese historisch spannende Situation besser verstehen zu können, muß noch einmal auf das Verhältnis von Arbeit und Kapital eingegangen werden. Ihr Zusammenwirken begründete nicht nur den Aufstieg des industriellen Wirtschaftens, sondern verursachte auch jenen Konflikt, der möglicherweise die Augen dafür getrübt hat, den industriellen Widerspruch zwischen Gesellschaft und Natur früher zu erkennen und rechtzeitig nach Lösungswegen zu suchen. Die modernen Gesellschaftsmodelle, nämlich das kapitalistische und sozialistische System, versprachen jedes auf seine Weise eine Art unendliche ökonomische Entwicklungsmöglichkeit der menschlichen Gesellschaften. Beide Industriesysteme verstanden sich als exzessive Wachstumsmodelle. Interessanterweise konkurrierten sie um die jeweils größere Fähigkeit, möglichst rasch möglichst viele Produkte zu erzeugen. Der Systemkampf zwischen Kapitalismus und Sozialismus war im Kern eine Schlacht um die totale Aneignung von Produktivitäten der Natur, die es in das Produktionssystem einzubringen und der Wertbildung zuzuführen galt. Dies war die Grundlage für ein scheinbar grenzenlos wachsendes Wirtschaftsmodell. Kapitalismus und Sozialismus haben sich um die Ausbeutung der menschlichen Arbeitskraft heftigst gestritten, in der maßlosen Ausbeutung der Natur waren sie sich völlig einig.

Die entscheidende Frage aber, woher die kostenlosen Produktivitäten der Natur kamen, wurde weder gestellt noch beantwortet. Zwar wurden hervorragende Koeffizienten der Arbeitsproduktivität und Kapitalproduktivität ausgewiesen, der technische Fortschritt wurde gewissermaßen als Wunderwaffe aller industriell-ökonomischen Entwicklung angesehen, aber worin letztlich die Wurzeln dieser Wachstumskräfte lagen, wurde nicht erkannt. Ein ganzes Jahrhundert war im Grunde blind für die einfache Tatsache, daß alle physischen Produktivitäten, die ihrerseits die Grundlage für jede Wertproduktivität darstellen, zwingend mit der Natur und ihren Produktivkräften zu tun haben.

Es war der Fehler des ganzen Industrialismus, daß er diesen Sachverhalt in einer Art historischer Sündhaftigkeit komplett mißachtet hat. Jedes Produkt, das die industrielle Ökonomie hervorgebracht hat, resultiert aus der Produktivität der Natur. Jeder Wert und jede Mark, die die modernen Wirtschaftssysteme erzeugen, ist ohne Zutun der Natur nicht erzeugbar. Während also der industrielle Kampf um die Überlegenheit der Wirtschaftssysteme mit erbarmungsloser Kraft geführt wurde, blieb im Dunkeln, daß die eigentliche Frontlinie gar nicht zwischen diesen beiden Systemgegnern verlief, sondern daß der gesamte Industrialismus ein Wirtschaftskampf gegen die Natur und ihren Reichtum war. Jetzt, nach dem historischen Ende der Systemkonkurrenz, erkennt man schlagartig die ganz neue Konfliktlinie, die sich den modernen Gesellschaften auftut. Die industriellen Wirtschaftssysteme werden sich zu Tode produzieren und konsumieren, wenn sie weiterhin in der zerstörerischen Aneignung der Naturqualitäten wirtschaftliches Wachstum und ökonomischen Fortschritt erkennen. Ihnen steht ein umfassendes Reformprogramm bevor, in dem sie die einfache Tatsache wie Kinder neu lernen müssen, daß nämlich all ihr produzierter Reichtum nicht ihnen selbst, sondern den Kräften der Natur zu verdanken ist.

5.1.3 Nur die Natur kann produzieren

Man braucht sich um die organisatorische Ausgestaltung der Reform der industriellen Wirtschaftssysteme gar keine Gedanken zu machen, wenn man sich nicht um den Kern kümmert, auf den jegliche Organisation des Wirtschaftens einzugehen hat. Diese Kernfrage aber lautet: Welche Kräfte machen das Wesen der Produktion aus? Anders gesagt, wenn wir von Produktion sprechen, sind wir uns offensichtlich nicht im klaren darüber, was hier tatsächlich geschieht, wodurch Nutzen für die menschliche Konsumtion entsteht und was die Grundlage für jegliche Wertbildung darstellt.

Die industrielle Ökonomie hat sich seit ihrem Bestehen eingebildet, die eigentliche Produktion der Güter und Werte falle den Produktionsfaktoren Arbeit und Kapital zu, dagegen sei die Natur lediglich eine Art Voraussetzung - ein Rohstofflieferant, ein Materiallager, eine Stoffsenke. Bei dieser Betrachtungsweise kann sich eine Ökonomie mit der Natur auf ein befriedigendes Verwalten dieses Lagerhauses beschränken. Die ganze Naturkrise ist vom Blickwinkel einer solchen Ökonomie eigentlich lediglich eine Art durcheinandergeratenes Ressourcenlager, das es zu ordnen gilt, um die Dinge wieder ins rechte Lot zu stellen. Die Lösung der ökologischen Krise durch die Wirtschaft wäre einfach, wenn die tatsächlichen Verhältnisse dem entsprächen. Leider verhält es sich aber ganz anders.

Die große Lüge, der sich die industrielle Ökonomie bedient, ist die Annahme, die Natur selbst hätte keine oder nur eine sehr begrenzte Produktivität. Die Dinge liegen radikal anders. So wie wir Menschen selbst Produkte der Evolution sind, so sind sämtliche Produktivitäten, deren wir uns bedienen, ebenfalls im Naturprozeß verankert. Es existiert keine einzige physische Produktivität und kein einziges materielles Produkt, das nicht aus dem Evolutionszusammenhang heraus verstanden werden muß. Für den Wirtschaftsprozeß konkret heißt das, daß es kein einziges Produkt und keine einzige Produktionsmethode gibt, die nicht in ihrem Naturzusammenhang zu verstehen wären. Will man der Realität der Physis gerecht werden, muß der anthropogene Wirtschaftsprozeß als ein Naturprozeß verstanden und klug organisiert werden. Denn physische Produktivität besitzt allein der Naturprozeß. Jeder materielle ökonomische Nutzen, der im Wirtschaftsprozeß zum Zuge kommt und der zur Wertbildung herangezogen wird, ist ein konkretes Resultat einer konkreten Produktivität der Natur. Erst wenn man den Naturprozeß als den umfassenden Hersteller materieller Qualitäten und Güter anerkennt, wird es möglich, die Rolle der weiteren Faktoren der Güterherstellung und der Werterzeugung zu verstehen. Daher gilt es jetzt, den Faktor Arbeit und den Faktor Kapital im Verhältnis zum Produktionsfaktor Natur zu klären.

Zunächst zum Faktor Arbeit: Wenn wir davon ausgehen, daß physische Qualitäten und Güter, die im Produktionsprozeß zweckgerichtet hergestellt werden, wesentlich die Produktivität der Natur zur Grundlage haben, dann muß sofort dazu gesagt werden, daß die menschliche Arbeit selbst eine Naturkraft darstellt, die auf Form und Substanz materieller Produkte zielgerichtet Einfluß nehmen kann. Das Besondere an der menschlichen Arbeitskraft als einer Naturkraft ist, daß sie durch die Fähigkeit der geistigen Reflexion dem Produktionsprozeß beziehungsweise der

Qualität der einzelnen Produkte eine bestimmte Form und Wirkung geben kann. Dadurch fällt ihr die Möglichkeit zur bewußten Gestaltung und Herstellung von Produkten und Produktionsmethoden zu.

Es ist aber ein schwerwiegender Fehler, wenn daraus geschlossen wird, die bewußte Herstellung von Gütern und Leistungen durch die menschliche Arbeit wäre gleichzeitig eine Art reales Verlassen der Sphäre des Naturprozesses. Tatsächlich bewirkt die Fähigkeit der bewußten Herstellung bestimmter Qualitäten und Nutzen lediglich, daß durch die menschliche Arbeitskraft innerhalb des Naturganzen bewußte Transformationen der materiellen Zustände herbeigeführt werden können. Es wird aber in keiner einzigen Phase erreicht, daß die bewußten Handlungen zu Ergebnissen führen, die gewissermaßen außerhalb der Naturgesetzlichkeiten und des Naturganzen stehen. Dieser Sachverhalt erscheint sehr wichtig, weil er klarstellt, daß einerseits die menschliche Arbeitskraft einen besonderen Produktionsfaktor darstellt, daß andererseits auch sie niemals die Schranken der Natur zu überwinden in der Lage ist. Die Evolution hat in der menschlichen Arbeit etwas Besonderes hervorgebracht, weil das bewußte Beeinflussen und Gestalten der Materie überhaupt erst jene Freiheit eröffnet, die ein bewußtes Herstellen von Produkten innerhalb des Wirtschaftsprozesses zuläßt. Aber diese besondere Fähigkeit birgt zwei Möglichkeiten: Bewußte menschliche Arbeit kann dazu eingesetzt werden, die Produktivität des Naturprozesses zugunsten des humanen und naturalen Reichtums zu erhöhen. Andererseits kann sie aber auch als Zerstörungsprozeß organisiert werden, wenn ein kurzfristiger Nutzenmaximierer die Schätze und Werte der Evolution lediglich zu dem Zweck ausbeutet, eine Form des schnellen Wertreichtums zu bilden, der sich wenig später schon für Mensch und Natur als vollkommen wertlos, ja, sogar extrem schädlich erweist.

Naturprozeß und menschliche Arbeit sind dann und nur dann günstig aufeinander gerichtet und synergetisch effizient, wenn durch das menschliche Bewußtsein die Arbeit dafür eingesetzt wird, daß die physische Reproduktionsfähigkeit des Naturprozesses erhalten bleibt, möglicherweise sogar erweitert wird. Trotz aller Skepsis wäre es durchaus möglich, durch die Fähigkeit der menschlichen Vernunft das Produktionspotential der Natur zu vergrößern. Dies wäre das Prinzip einer nachhaltig betriebenen, reproduktiven Wirtschaftsweise.

Ganz anders verhält es sich beim Produktionsfaktor Kapital. Kapital ist eigentlich kein Produktions-, sondern ein Organisationsfaktor. Kapital hat selbst keine physische Produktivität, die Produkte oder Produktivitäten hervorbringen könnte, so wie es menschliche Arbeit und ökologische Natur zu tun vermögen. Die Fähigkeit, die das Kapital besitzt, ist, daß sie eine Macht über physische Produktionsfaktoren ausübt. Kapital stellt die Verfügungsgewalt über physische Produktivität dar, es verkörpert aber keineswegs selbst diese Produktivität. Indem Kapital physische Produktivitäten beherrscht, ist es in der Lage, einen Produktionsprozeß zu organisieren, der bestimmte Güter und Qualitäten hervorbringt. Kapital als Organisationsfaktor besitzt also die Fähigkeit, zweck- und zielgerichtet die Gesamtheit der physischen Produktionsfaktoren für seine Zwecke einzusetzen. Es ist geradezu selbstverständlich, daß diese Macht des Kapitals vom Standpunkt der Naturstabilität aus zwiespältig verwendet werden kann. Kapital kann sowohl zur Zerstörung von Naturzuständen als auch zu ihrer Erhaltung eingesetzt werden. Es läßt sich leicht behaupten, daß unter der Zielsetzung der Gewinnmaximierung die Zerstörung des naturalen Reichtums gewissermaßen eine gesetzesmäßige Folge jeglichen Kapitaleinsatzes darstellt. Diese Sichtweise ist verbreitet, trifft jedoch nicht die volle Wahrheit.

Schon eine längerfristige Gewinnmaximierung der Unternehmen verweist auf den Sachverhalt, daß Gewinne nicht rational erwirtschaftet sind, wenn sie zu Lasten der Vermögenssubstanz hervorgebracht wurden. Es sind also nicht der Kapitaleinsatz und das Gewinnstreben, die die Risiken für den Bestand der Naturproduktivitäten ausmachen, sondern es ist die wesentlich unzureichende Organisation dieses Einsatzes. Sobald nämlich gewährleistet ist, daß der Kapitaleinsatz nicht zu Lasten des gesamten Naturvermögens erfolgen darf, sondern daß Gewinne nur bei vollständiger Reproduktion der beanspruchten Naturproduktivitäten rational sind, dann ist auch sichergestellt, daß durch Kapitaleinsatz eine ökologische Reorganisation der Industrie möglich wird. Dieser Gedanke ist zunächst theoretisch, doch ein solches Prinzip kann sehr wohl in die Wirtschaftspraxis umgesetzt werden. Letztlich handelt jedes Einzelunternehmen nach diesem Prinzip, weil es keineswegs die Gewinn- und Verlustrechnung unter Vernachlässigung der Vermögensbilanz betreiben darf. Wenn die Prinzipien der unternehmerischen Wirtschaftsrechnung auf den Zusammenhang von Naturprozeß und Wirtschaftstätigkeit übertragen würden, stünde es um die Qualität des Naturganzen vermutlich wesentlich besser. Also kann die Forderung an den Organisationsfaktor Kapital nicht sein, daß er seine Tätigkeit einstellt, sondern, daß er sich ökologischen Kriterien stellt. Alles spricht dafür, daß dieser Weg auch praktisch möglich ist.

Der wirtschaftliche Grundsatz, daß lediglich die Natur produziert, dagegen die Faktoren Arbeit und Kapital die Produktivität der Natur beeinflussen, organisieren und managen können, beinhaltet ein umfassendes Reformkonzept der industriellen Wirtschaftsweise. Es gibt bis heute keinen Beweis, daß dieser Reformweg zugunsten der Erhaltung der naturalen Produktivitäten nicht gehbar wäre. Es spricht sogar sehr viel dafür, daß er gegangen werden muß, weil es zu ihm keinerlei Alternative gibt. Der Naturprozeß liefert uns täglich eine unfaßbar umfassende Anzahl an Produkten, Qualitäten, Schönheiten, Freuden und materiellen Befriedigungen. Es war ein historischer Irrweg der industriellen Systeme, aus der Gesamtheit der naturalen Produktivitäten immer nur einzelne Nutzen und Qualitäten herauszureißen und diese dem Werterzeugungsprozeß zuzuführen. Das Resultat ist die Gefährdung der gesamten Produktivität, was letztlich den Zusammenbruch jeglicher Ökonomie nach sich ziehen muß. Der zentrale Ansatzpunkt einer ökologischen Reform der

96

Wirtschaft muß sich daher der Wiederherstellung dieser Produktivität zuwenden. Die Chance der industriellen Produktionsweise ist, ihre ganze Effizienz und Fähigkeit dem Versuch zu widmen, nicht mehr die Produkte den Ökosystemen zu entreißen, sondern die Produktivität der Naturganzheit zu pflegen und zu gestalten. Sie liefert uns alle lebensnotwendigen Produkte, Nutzen und Qualitäten. Wenn sich die industrielle Wirtschaftsweise diese Grundsätze zu eigen machen würde, wäre es ein leichtes, die Konsequenzen für die einzelnen Wirtschaftssubjekte zu ziehen.

5.1.4 Wirtschaften als Organisation der Materie

Doch wie kann der Widerspruch erklärt werden, daß sich die industrielle Wirtschaft als ein besonders effizientes und erfolgreiches gesellschaftliches Reproduktionssystem versteht, gleichzeitig aber physische Resultate erzeugt werden, die in elementarer Weise Gefährdungen der menschlichen Existenz und sogar des ganzen menschlichen Lebens auf der Erde nach sich ziehen? Auf der einen Seite rechnet die Wirtschaft pfenniggenau, bestraft sofort jeden Fehler und belohnt denjenigen, der sich in geeigneter Weise der herrschenden ökonomischen Rationalität bedient. Auf der anderen Seite bleiben größte Schäden und schlimmste Fehlentwicklungen ungestraft, oft genug gar unbemerkt. Warum hat die ökonomische Rationalität nicht viel früher ökologische Gefährdungen erkannt, hat den rasanten Schwund an Naturproduktivität als Verlust an Vermögen begriffen, hat die Gefährdung der Lebensqualität als Minderung des wirtschaftlichen Wohlstandes aufgezeigt und hat bestimmte Formen des industriellen Wachstums als Formen des ökologisch-gesellschaftlichen Rückschritts identifiziert? Offensichtlich ist das ökonomisch-industrielle Informationssystem gegenüber globalen ökologischen Entwicklungen, die sich sozioökonomisch und in den Lebenszusammenhängen des einzelnen Individuums destruktiv auszuwirken beginnen, schlicht immunisiert. Wenn sich die Wirtschaftssubjekte alles in allem einigermaßen rational verhalten, gleichzeitig aber extrem kontraproduktive Erscheinungen der ökologischen Gefährdung eintreten, weist dies darauf hin, daß das ökonomische Informationssystem von den Gesamtvorgängen in der Gesellschaft und in der Natur viel zu wenig weiß und daher zu krassen, womöglich existenzgefährdenden Fehlurteilen kommt.

Man kann diesen widersprüchlichen Sachverhalt auch so umschreiben: Das gesellschaftliche Bewußtsein weiß nichts von der gesellschaftlichen Wirklichkeit. Das gesellschaftliche Bewußtsein setzt physische Verhältnisse voraus, die nicht bestehen. Vielmehr bewegt sich die physische Wirklichkeit einem Gefährdungszustand zu, der eine existentielle Bedrohung bedeutet, ohne daß das gesellschaftliche Wissen davon auch nur annähernd weiß beziehungsweise vielleicht nicht einmal wissen will. Aufgabe der Ökonomen wäre es, dies systematisch aufzuzeigen und auf Konsequenzen für die wirtschaftliche Praxis zu drängen.

Die Erklärung dieses Widerspruchs führt zurück zum "Nachdenken über Produktion". Die industrielle Wirtschaft hat von Anfang an und heute erst recht einen viel zu engen Begriff von Produktivität, auf dessen Grundlage ökonomietheoretische Basisfunktionen wie Konsumtion, Fortschritt, Wachstum, Gleichgewicht, technischer Fortschritt und insbesondere das Verhältnis von Geldsphäre und physischer Sphäre falsch oder unzureichend verstanden werden. Das Problem liegt darin, daß der Produktivitätsbegriff nur einen Ausschnitt von dem erfaßt, was durch die Handlungen und Tätigkeiten eines produzierenden Individuums oder Unternehmens betroffen wird. Ein Teilsystem organisiert sich umfassend und präzis, versäumt es aber, das Gesamtsystem, in dessen Zusammenhang es tätig ist, einzubeziehen. Die Folge kann nur sein, daß alle Präzision des Teilsystems eine Illusion darstellt, weil sämtliche Fehler und Ungenauigkeiten in die Sphäre des unbewußten und unerkannten Gesamtsystems abgedrängt werden.

Genauso verhält es sich heute beim Produktionssystem. Indem es die eigentlichen Quellen der Produktion und der Produktivität überhaupt nicht kennt, dagegen die Methoden des Gewinnens dieser Produktivitäten bis aufs äußerste gesteigert hat, bewegt es sich systematisch auf die Gefahr zu, die Quelle dessen, was es gewinnen will, zu ruinieren. Die neuralgischen Stellen dieses physischen Produktionssystems sind die physischen Inputs und die Outputs.

Auf der Inputseite ist es nicht mehr damit getan, die kostenlosen Produktivkräfte der Natur einfach abzuernten und zu billigen Konditionen in das Produktionssystem einzuführen. Vielmehr wird es erforderlich werden, für die erhaltende Nutzung beziehungsweise Wiederherstellung der natürlichen Produktivitäten zu sorgen. Hier kommt es also zu einer wesentlichen Erweiterung der Produktionssphäre. Die ökonomische Rationalität muß sich einer wesentlichen Erweiterung in dem Sinne stellen, daß sie nicht mehr Naturvermögen zum Zweck der Produktion von Volkseinkommen abbaut, sondern daß sie einen Teil des Volkseinkommens zur Herstellung des Naturvermögens wieder einsetzt.

Dies kann nicht bedeuten, daß die bisherige Natursphäre einer vollkommenen Ökonomisierung geopfert wird. Ganz im Gegenteil, ein wichtiger Teil besteht darin, zu entscheiden, welche Sphären der Natur vom Menschen unberührt bleiben müssen, beziehungsweise welche Bereiche durch die menschliche Produktion gestaltet und wiederhergestellt werden können. Reproduktive Ökonomie darf nicht den radikalen Zugriff auf die Ökosysteme bedeuten. Auf der anderen Seite kommt eine moderne Wirtschaft nicht daran vorbei, Ökosysteme in dem Sinne zu nutzen, daß sie Produkte und Produktivitäten für den menschlichen Gebrauch aus ihnen bezieht. Ohne diese Bedingung könnte es gar keine Produktion und Ökonomie geben, folglich auch kein individuelles und gesellschaftliches Leben. Die Erweiterung des Produktivitätsbegriffs auf der Inputseite bedeutet letztlich, daß der Grundsatz, daß die Natur allein produziert und die Menschen dabei lediglich helfen, zu einem bewußten Bestandteil des Wirtschaftssystems gemacht wird. Von diesem Leitgedanken aus sind die konkreten Entscheidungen für eine nachhaltige Wirtschaftsweise abzuleiten und zu organisieren.

Überraschenderweise zeigt sich die Outputsphäre der Produktion ungleich schwieriger. Bisher wurde diese Outputseite kraß vernachlässigt. Erst mit dem Abfallproblem ist klar geworden, daß wahrscheinlich die größeren Probleme der Zukunft auf der Seite des physischen Outputs von Produktion und Konsumtion liegen.

Das vereinfachte wirtschaftliche Denken ging bisher davon aus, daß mit dem Verzehr eines Wertes gewissermaßen auch die verbrauchte Materie verschwunden ist. Nun ist die Konsumtion eines Gebrauchsgegenstandes keineswegs auch die Vernichtung seiner materiellen Substanzen. Im Gegenteil, es hat lediglich eine Transformation von Materie stattgefunden, die eine bestimmte Materieeigenschaft aufgezehrt, dagegen neue materielle Zustände und Qualitäten hervorgebracht hat.

Die meisten ökologischen Konflikte der jüngeren Zeit und vermutlich der Zukunft weisen darauf hin, daß die Ressourcenseite eher zu bewältigen ist als die Outputseite von Produktion und Konsumtion. Sowohl das umfassende Abfallproblem als auch die Problematik der entropischen Vorgänge verweisen darauf, daß die eigentlichen ökologischen Konflikte sich dort abspielen, wo menschliche Produktion und Konsumtion schon gelaufen sind. Die massenhaften und falsch organisierten Materie- und Energiedurchflüsse des industriellen Produktions- und Konsumtionssystems führen dazu, daß sich auf der Outputseite ein unübersehbares Konglomerat von ökologischen Konflikten versammelt, vor dem die gesellschaftliche Realität und ihr Bewußtsein bisher komplett scheut.

Zunehmend erscheint das Abfallproblem der industriellen Produktion gar nicht mehr als ein Abfallproblem, sondern als eine Form der Kuppelproduktion, bei der die Nebenwirkungen die ungleich folgenreicheren Ergebnisse zeigen, als es die wertliefernden Hauptprodukte getan haben. Auf der Outputseite von Produktion und Konsumtion greifen die industriellen Wirtschaftsweisen schon heute in einer derart schwerwiegenden Weise in die globalen Ökosysteme ein, daß deren Stabilitäten und Gleichgewichte in dramatischer Weise zum Wanken gebracht werden. Da man gleichzeitig aus der Ökosystemtheorie um die Sensibilität dieser globalen Ökosysteme weiß, besteht die Gefahr darin, daß Prozesse der Veränderung von ökosystemaren Zusammenhängen durch industrielle Tätigkeit ausgelöst werden, die kein menschlicher Verstand und keine industrielle Anstrengung mehr beseitigen können.

Was ist in einer solchen Situation wirtschaftlich zu tun? Natürlich läßt sich leicht formulieren, daß die ökonomische Rationalität sowohl auf der Inputseite als auch auf der Outputseite soweit ausgedehnt werden muß, daß die jeweils betroffenen naturalen beziehungsweise ökosystemaren Sphären in eine reproduktive Ökonomie mit der Natur einbezogen werden. In diesem Sinne würde alles zukünftige Wirtschaften eine systematische Organisation des Umgangs mit Materie bedeuten. Ein solches Wirtschaftssystem verlangt aber nicht nur ein tiefes Verständnis der ganzen Natur, der detaillierten Naturprozesse, der Entwicklung und der Bedingtheit der Ökosysteme vom Kleinen bis zum Großen sowie der Folgen der menschlichen Tätigkeiten für diese Ökosysteme. Es verlangt im Grunde ein genaues Verständnis davon, was die Menschen in ihrer Produktion und Konsumtion mit der Natur und ihrer Produktivität machen und eine gesellschaftliche Konvention darüber, was sie machen dürfen und was nicht. Die Qualität eines Wirtschaftssystems zeigt sich dann allein daran, ob es dieser gestellten und äußerst schwierigen Aufgabe gewachsen ist. Organisiert die Wirtschaft die physischen Prozesse falsch, löst sie elementare Gefährdungen im Verhältnis zur Natur und dadurch auch zu sich selbst aus. Daher müssen wir fragen, ob ein so hoch entwickelter Anspruch eines Wirtschaftens mit den Naturqualitäten durch die menschlichen Organisationsformen der Produktion und Konsumtion überhaupt möglich ist.

Gewiß sind Zweifel, daß eine so umfassende Ökonomie mit der ganzen Natur durch die industriellen Systeme überhaupt gewährleistet werden kann, berechtigt. Es ließen sich viele Argumente zusammentragen, die einer solchen Hoffnung entgegenstehen. Die Frage aber ist, ob es zu diesem Versuch eine Alternative gibt. Weit und breit scheint es eine solche nicht zu geben. Ein Rückschrauben der industriellen Welt in einen urzeitlichen Zustand ist schlicht ausgeschlossen. Ein Stehenbleiben auf dem jetzigen Entwicklungsstand würde kein Problem lösen, im Gegenteil, es wäre der sichere Zusammenbruch der Wirtschafts- und der Ökosysteme. Eigentlich bleibt den industriellen Systemen nur die ökologische Flucht nach vorne. Die Grundpfeiler dieses Fluchtweges können ziemlich genau beschrieben werden. Die industriellen Gesellschaften müssen von ihrem physischen Zustand als erstes einfach mehr wissen, um daraus die Konsequenzen für ihr Produktions- und Konsumtionssystem zu ziehen. So wie bisher die Geldströme auf den Pfennig genau individuell, betrieblich, national und weltweit erfaßt und organisiert werden, so wird es notwendig werden, die mit den wirtschaftlichen Tätigkeiten verbundenen physischen Prozesse in ähnlicher Präzision und Vollständigkeit zu erkennen.

Wenn man die ökologische Krise mit wirtschaftlichen Mitteln bewältigen will, dann bedeutet dies den Vorrang einer physisch begründeten, reproduktiven Ökonomie vor der bisher dominanten monetären Ökonomie. Es geht dabei darum, die Stoff- und Energieflüsse nicht nur genauestens zu erfassen und zu kontrollieren, sondern sie so zu organisieren, daß sie im Gesamtverlauf von produzierenden und konsumierenden Handlungen mit den Stabilitätsbedingungen der Ökosysteme verträglich sind. Ein solches umfassendes Ziel macht es allerdings erforderlich, schrittweise die Sphäre von Produktion und Konsumtion nach ökologischen Rationalitätskriterien umzugestalten.

Da ein solcher Transformationsprozeß wiederum unmöglich gegen das monetäre Rationalitätsprinzip durchgesetzt werden kann, scheint es unumgänglich, das monetäre Rationalitätssystem an ökologische Rationalitätskriterien mit dem Ziel anzupassen, daß die physische Reproduktion durch die wirtschaftliche Praxis hindurch dauerhaft gewährleistet werden kann. Dieses schwierige Unterfangen bedeutet, daß für Knappheitserscheinungen der Natur auf der Input- und Outputseite vernünftige Kalküle entwickelt werden müssen. Instrumente wie Ökosteuer usw. können hierzu lediglich einen Anfang darstellen. Letztlich geht es darum, durch naturwissenschaftlich-technische Innovationskraft ein ökologisch komplett erneuertes Produktions- und Konsumtionssystem zu entwickeln. Dabei wird es eines der größten Probleme sein, daß dieser Transformationsprozeß von der Bevölkerung, die die Produkte ja kauft und verzehrt, auch mitgetragen wird. Neben den technisch-wissenschaftlichen Leistungen zur Neuorganisation des ökonomischen Reproduktionsprozesses bedarf es eines vielleicht noch komplizierteren Reformprozesses im Bewußtsein der Menschen sowie ihrer Verwaltungen und Regierungen.

Der Begriff des "Wirtschaftens mit der ganzen Natur" mag eine einleuchtende Forderung sein. Sie in gesellschaftliche und ökonomische Praxis umzusetzen, ist vermutlich der komplizierteste und schwierigste Transformationsprozeß, dem sich menschliche Gesellschaften bisher zu stellen hatten. Er benötigt sicherlich auch seine Zeit, ob es nun fünf vor zwölf ist oder nicht. Entscheidend ist keine Katastrophenstimmung, sondern die klare Einsicht, daß die systematische Reform des Industriesystems ansteht. Es ist eine Reform an Haupt und Gliedern. Das ausschlaggebende Kriterium für alle konkreten Einzelschritte dieser Reform ist das Theorem, daß eine ökonomisch verstandene Naturproduktivität das Rückgrat aller wirtschaftlichen Leistungen und Erfolge darstellt.

5.2 Natur als Produkt

Wir haben bisher die Natur als Produktivität und als Produktionsfaktor betrachtet. Dies stellt lediglich die eine Seite dar. Die andere Seite ist durch die Natur als Produkt bestimmt. Zunächst mag der Begriff einer "Natur als Produkt" auf Skepsis oder Ablehnung stoßen. Es scheint das allerletzte ökologische Anliegen zu sein, die bedrohte Natur jetzt auch noch machen, herstellen, ja, produzieren zu wollen. Es scheint die Hybris zu sein, wir Menschen seien Schöpfer der Evolution. Bei einer solchen Betrachtung wäre die angemessene ökologische Strategie also nicht das Produzieren der Natur, sondern das jegliche Fernhalten von ihr.

Doch eine solche defensive Haltung kann sich die Gesellschaft nicht mehr leisten. Die historischen Verhältnisse sind viel zu weit vorangeschritten, als daß wir mit dem traditionalen Schutz der Natur überhaupt noch weiterkämen. Tatsächlich liegen die Dinge so, daß durch den ökonomisch-technischen Prozeß die Natur und ihre materiellen Differentiale in einem sehr großen Maße hergestellt, produziert werden.

5.2.1 Die Jagd auf das Naturprodukt in der Wirtschaft

Diejenigen, die meinen, die Wirtschaft hätte in der Natur nichts zu suchen und wirtschaftliche Interessen sollten sich aus der Sphäre der Natur heraushalten, verkennen vollständig das Wesen der ökonomischen Produktion und Wertbildung. Die fiktive Trennung von Natur und Wirtschaftsprozeß, wie wir sie gerne in unseren Köpfen vollziehen möchten, hat mit der physischen Realität wirtschaftlicher Praxis nichts zu tun. Hier sind beide schon immer und für immer in intimer Weise miteinander verbunden. Keine einzige wirtschaftliche Handlung ist denkbar, aus der die Natur herausgehalten werden könnte. Jede ökonomische Produktion bedeutet ein Nutzen und Formen physischer Qualitäten. Dies gilt erst recht für die Produktion von Wert und Geld. Da Wert und Geld nicht unabhängig von physischen Qualitäten existieren können, bedeutet die Produktion von Wert unbedingt ein Aneignen beziehungsweise Umformen von Naturzuständen. Man kann es drehen und wenden wie man will, jede wirtschaftliche Handlung beinhaltet ein Formen der Natur, jede ökonomische Entscheidung ist eine Entscheidung über den Zustand der Physis.

Die Einsicht in diese Tatsache fällt uns schwer. Das gesamte neuzeitliche Denken möchte lieber von der Illusion ausgehen, wirtschaftliche Handlungen ließen die Natur in Ruhe beziehungsweise die Menschen müßten dafür sorgen, daß die Natur vor dem wirtschaftlichen Zugriff geschützt werde. Dieser Wunsch mag dem einen oder anderen zwar sympathisch erscheinen, für die Wirklichkeit der Natur bedeutet er eine ziemliche Katastrophe. Er trägt nämlich dazu bei, daß das wirkliche Verhältnis von Wirtschaft und Natur verkannt wird.

Die Wirtschaft benötigt die Produkte der Natur zwingend, um ökonomische Produkte und in deren Folge ökonomische Werte zu erzeugen. Es gibt kein ökonomisches Produkt ohne Naturprodukt. Über diese extrem strenge Bedingung sind Natur und Wirtschaft elementar und radikal miteinander schicksalhaft verbunden. Das Problem allerdings liegt darin, daß beide Sphären keineswegs miteinander synchron sind, sondern sich asynchron gegenüberstehen: Jedes Wirtschaftsprodukt ist auch Naturprodukt, aber nicht jedes Naturprodukt ist Wirtschaftsprodukt. Damit wendet sich das wirtschaftliche Interesse nur selektiv der Sphäre der Naturprodukte zu. Das jeweilige wirtschaftliche Interesse entscheidet jetzt, was gebraucht wird und was nicht, was Nutzen hat und was nicht, was Wert trägt und was wertlos ist. Damit ist ein grundsätzlicher Widerspruch im Verhältnis von Natur und Wirtschaft eingetreten. Sie befinden sich in der Einheit von Einheit und Widerspruch. Die Einheit besteht darin, daß jedes Wirtschaftsprodukt Naturprodukt ist. Der Widerspruch besteht darin, daß das ökonomische Wertinteresse darüber entscheidet, welches Naturprodukt wert ist, auch Wirtschaftsprodukt sein zu dürfen.

Damit ist der Lauf der Dinge bestimmt. Während das gesellschaftliche Bewußtsein die Sphären von Wirtschaft und Natur zu trennen versucht, hat es die praktische Wirtschaft elementar mit der Natur zu tun. Die praktische Wirtschaft kann ausschließlich dadurch Produkte herstellen, daß sie sich das Naturprodukt selektiv in Fragmenten zu eigen macht. Weil aber kein Wirtschaftsprodukt ohne Aneignung von Naturprodukt entstehen und bestehen kann, ist das in der Konsequenz destruktive Verhalten der Wirtschaft gegenüber der Natur klar gekennzeichnet.

Ziel der Wirtschaft ist es, Naturprodukt an allen Orten, möglichst viel, möglichst wertvoll und möglichst billig aufzuspüren. Der Ökonom, ansonsten nur von knauserigen Partnern seinesgleichen umgeben, wundert sich und schlägt zu. Im Naturprodukt hat er eine Quelle gefunden, die auf wunderbare Weise seine Not lindert. Die produzierende Natur erscheint als eine Art Paradies, das Produkte liefert, ohne daß man dafür zu zahlen hat. Aber schon David Ricardo hat festgestellt, daß die Ökonomen mit nichts so schlecht umgehen können wie mit Reichtum und scheinbarem Überfluß. Sie, die doch nur den Umgang mit Knappheit gelernt haben und gewöhnt sind, sind von der Quelle kostenlosen und scheinbar unendlichen Reichtums derart verwirrt, daß sie ausgerechnet im Umgang mit dieser großzügigen Lieferantin aller Produkte jegliches Maß verlieren und maßlos werden. Nicht nur, daß sie diese wundersame Quelle von Produkt und Wert fast ohne jegliches Empfinden für Schranken und Grenzen unentwegt plündern, darüber hinaus verspüren sie auch keinerlei Verantwortung für Erhalt und Pflege jener Ressource, die ihnen doch allen den so begehrten materiellen Reichtum liefert. Es ist wie im böse endenden Märchen. Der Esel, dessen Exkremente pures Gold sind, wird zu Tode geprügelt.

Naturprodukt ist die Basis allen Wirtschaftens. Man kann einen Diamanten nicht schöner schleifen, als es sein Rohzustand erlaubt. Der ökonomisch-gesellschaftliche Beitrag zu Produkt und Produktion ist immer von der Qualität des Naturprodukts abhängig. Der Fisch in der Bratpfanne kann nicht besser sein als die Qualität des Ökosystems, in dem er aufwuchs. Das Wohngefühl in einem Haus ist von der Qualität der Materialien mitbestimmt. Das ökonomische Produkt kann nicht besser sein, als es das Naturprodukt zuläßt. Alles andere wäre gesellschaftliche Hybris.

Damit sind die Verhältnisse zurechtgerückt. Wirtschaftliche Produktion ist nichts wert, ja, sie ist nicht möglich ohne Naturprodukt. Eine Gesellschaft und ihre Individuen, die leben und arbeiten wollen, sind existentiell auf das Naturprodukt in seinen beinahe unendlichen Formen angewiesen. Alle unsere wirtschaftlichen Lebensformen, beispielsweise essen, arbeiten, reisen, sich vergnügen, schlafen, sich reproduzieren, alle sind aktive Formen der Aneignung von Naturprodukt. Alle wirtschaftlichen Handlungen haben Naturprodukt zur Voraussetzung und dessen Gestaltung zum Inhalt. Dies gilt nicht nur für alle materielle Produktion und für jeden physischen Nutzen. Es gilt auch für all jene ökonomisch-gesellschaftlichen Abstraktionen, die scheinbar überhaupt nichts mit Natur zu tun haben: für Wert, Tauschwert und Geld und als deren Ableitungen für alle Einkommen, Kapitale und

Vermögen. Da keine Mark abstrakter Geldwert bestehen kann, ohne daß dem ein physisch-sinnlicher Nutzen zugrunde liegt, kann es auch keine Trennung von Geldsphäre und Natursphäre geben. Völlig unabhängig davon, ob er es weiß, ändert ein Makler an der New Yorker Börse mit seinen Handlungen nicht nur die Geldkurse, sondern auch die Naturqualitäten.

Was dieses gesellschaftliche Naturverhältnis aber dramatisch macht, ist folgendes: Das eigentliche Ziel der produzierenden Wirtschaftssubjekte ist nicht das Nullsummenspiel, sondern die Produktion von mehr Wert, von mehr Einkommen, also von Nettowertbildung. Ein Vorstandsvorsitzender, der vor die Hauptversammlung der Aktionäre tritt, um mitzuteilen, daß das Unternehmen keine Gewinne erwirtschaftet hat, würde ausgebuht und abgesetzt werden. Erfolgreich ist nur, wer mehr abstrakten monetären Wert erzeugt. Auch jeder Sparer erwartet, wenn er zur Bank geht, daß man ihm ein paar Prozent Zins einräumt. Die Vorstellung der wachsenden Einkommen beziehungsweise der sich verzinsenden Kapitaleinsätze ist unserem ökonomischen Denken und Handeln derart selbstverständlich, daß ein Abweichen davon als Mißerfolg, Versagen beziehungsweise wirtschaftliche Niederlage gilt. Wenn wir aber genauer fragen, welches die Ursachen für solches Wachstum von Wert, Geld und Kapital sind, machen wir eine verblüffende Entdeckung.

So wie es keine Mark und keinen Dollar Geldwert geben kann, ohne daß dem eine Naturqualität mit physischem Nutzen zugrunde liegt, so können auch aus einer Mark nicht zwei gemacht werden, ohne daß die Natur dabei mitspielt und ihren physischen Beitrag leistet. Diese für alle Ökonomie grundlegende Einsicht haben schon die ersten wissenschaftlichen Ökonomen der Neuzeit, die Physiokraten, gehabt. Sie ist bis heute nicht nur gültig, sondern gerade für die zukünftige Gestaltung der modernen Wirtschaftsprozesse und ganz allgemein für die Zukunft der Menschen schlechthin von elementarer Bedeutung. Wenn dieser "Urzusammenhang" aller wirtschaftlichen Tätigkeit und Zielsetzung rational in das globale Weltwirtschaftssystem so eingebaut werden kann, daß die Wirtschaftssubjekte vernünftig danach handeln, indem sie die physische Reproduktion zu ihrer wichtigsten Aufgabe machen, dann hat das Ökosystem Erde für seine Bewohner eine tragfähige Wirtschaftsweise. Wenn aber Wertproduktion, Einkommenssteigerung und Kapitalrendite ohne Rücksicht auf deren Naturzusammenhang beziehungsweise sogar gegen ihn vollzogen werden, dann ist jeder Schritt weiterer Ökonomie zwingend mit dem Verlust von Boden verbunden, auf dem die Weltgesellschaft mit allen ihren Bürgern steht, bis hin zu dem finalen Punkt, bei dem die physischen Individuen, weil sie fälschlicherweise nur die Abstraktion im Bewußtsein hatten, ins Bodenlose fallen.

Die Grundlage aller wirtschaftlichen Dinge ist die einfache Tatsache, daß aus einem Apfel ein Apfelbaum wachsen, und der Apfelbaum wiederum viele Äpfel tragen kann. Die Natur, die Evolution kennt nicht nur das Prinzip des Wachstums, sie ist dieses Prinzip. Allein dieser Fähigkeit der Natur ist zu verdanken, daß auch innerhalb der ökonomischen Rationalität Kategorien wie Wertwachstum, Nettoproduktivität und Nettorenten auf eingesetzte Produktionsfaktoren möglich sind. Allerdings muß das sehr einfache Bild von der produzierenden Natur unbedingt insoweit erweitert werden, als die Menschen mit ihrer eigenen spezifischen Produktivität durch ihre Arbeit und durch ihr Bewußtsein selbst Teil, vor allem gestaltender Teil dieser Natur sind. Insbesondere wird durch die Möglichkeit der bewußten Handlung und der bewußten Gestaltung der Natur durch die Menschen gegenüber der vormenschlichen und außermenschlichen Evolution eine vollkommen neue Situation geschaffen. Die Menschen beeinflussen durch ihre bewußten ökonomischen Handlungen, Entscheidungen und Zielsetzungen die Natur. Sie eignen sich bewußt Naturprodukte an und erzeugen, indem sie dies tun, neue Naturprodukte. Durch ihre Bewußtheit über ihre Handlungen können sie erkennen, was sie tun, und sie können diesem Erkennen ein Ziel und eine Richtung geben. Die Menschen wissen nicht alles von der Natur, vielleicht wissen sie nur ganz wenig von ihr. Aber all dem, was sie von ihr wissen, können sie einen Sinn, einen Zweck und ein Ziel geben. Dieses ist eine bedeutsame menschliche Fähigkeit gegenüber der Natur, die bisher nur diesem Produkt der Evolution vorbehalten ist.

Doch die Fähigkeit der Menschen, ihre eigene Natur zu erkennen und zu gestalten, ist, wie wir gesehen haben, nicht a priori eine Fähigkeit zum Guten. Die menschliche Möglichkeit zum Bewußtsein von den Dingen schließt die Möglichkeit des Fehlurteils und der Fehlentscheidung ein. Ein elementares Fehlurteil menschlichen Bewußtseins und menschlicher Handlung wäre aber, die ganze Natur durch Handlungen, insbesondere wirtschaftliche Handlungen so zu gestalten und zu verändern, daß die menschliche Natur darin ihren Platz verlieren würde oder zumindest bedroht sähe. Man kann diesen Sachverhalt auch umgekehrt formulieren: Das Bewußtsein des Menschen von sich und von seiner Natur zeigt vor allem dann seine Fähigkeit zum Guten, wenn es ihm gelänge, durch sein Bewußtsein seinen Platz in der Natur für sich und für die nachfolgenden Generationen dem Menschen zu sichern. Dieser Grundsatz bildet die fundamentale ökologisch-ethische Norm, die sein Bewußtsein von der Natur und von seinem Platz in ihr auferlegt. Sie ist zugleich oberste Norm für seine wirtschaftlichen Handlungen und Ziele beziehungsweise für die Ausgestaltung seiner Wirtschaftsweise.

An dieser Stelle gilt es einen Widerspruch herauszuarbeiten, der das Verhältnis von Natur und Wirtschaftsweise prägt und der sich zum zentralen Konfliktfeld der Zukunftsgestaltung in der globalen Weltgesellschaft entwickeln dürfte. Auf der einen Seite bietet die Natur mit ihrer evolutiven Nettoproduktivität der bewußten menschlichen Wirtschaft eine grandiose Möglichkeit, eine großartige Perspektive an. Sie enthält die Potenz und das Potential für Wachstum, Vermehrung, Entwicklung. Dies gilt sowohl für die ökonomisch-physische Rationalität wie für die ökonomisch-wertmäßige, das heißt abstrakte Rationalität. Weil die ganze Natur einschließlich der Gestaltungskraft der menschlichen Natur ein physisches Wachstum an Naturprodukten kennt und zuläßt, ist es einzig dem Geschick und der Fähigkeit des menschlichen Wirtschaftens anheim gestellt, diese Fähigkeit zur Basis einer stabilen Wirtschaftsweise werden zu lassen. Daß dieses physische Wachstum sowohl auf Grenzen stößt als auch Grenzen eingehalten werden müssen, kann in keiner Weise die grundoptimistische Perspektive stören, daß eine menschliche Wirtschaftsweise im Einklang mit der Natur nicht nur grundsätzlich möglich ist, sondern eigentlich den Höhepunkt humanistischer Bewußtheit von der Natur darstellt. Dieser grundsätzliche Optimismus gilt auch für die abstrahierenden Komponenten des ökonomischen Produktions- und Wachstumsprozesses. Wenn die Natur physisches Nettowachstum zuläßt, dann kann es auch kein Frevel an sich sein, diese physischen Nutzendifferentiale durch einen abstrakten Wertmaßstab kompatibel zu machen. Ja, es wäre nicht einmal ein moralisches Vergehen an der Evolution, das Wachstum der abstrakten Werte als wirtschaftliches Ziel einer Gesellschaft oder ihrer Wirtschaftssubjekte zu setzen, solange man dieses Ziel nicht von seiner physischen Bedingtheit isoliert und somit die Abstraktion von der Substanz, auf der sie beruht, abzulösen versucht.

Es ist also grundsätzlich nichts gegen Wachstumsraten, Einkommenssteigerungen oder Vermögenszuwächse, ausgedrückt in Geldwerten, zu sagen, solange die physischen Ereignisse, die der Abstraktion als Werte zugrunde liegen, nicht verleugnet werden. Die Natur läßt gerne mit sich Ökonomie betreiben, solange sie sich von wirtschaftlichen Akteuren verstanden weiß. Sie hat auch dann überhaupt nichts dagegen, wenn diese Akteure zu Formen des Bewußtseins greifen, in denen sinnlich-konkrete Qualitäten der Natur in abstrakte Rationalitäten gefaßt werden. Allerdings wird die Natur - und es bleibt ihr gar nichts anderes übrig - geradezu rabiat und wütend, wenn die abstrakte Rationalität vergißt, daß sie der physischen Substanz bedarf und ohne diese nicht zu bestehen vermag. Den größten Frevel, den das Bewußtsein, das heißt auch das ökonomische Bewußtsein mit seinen Derivaten Wert, Ziel und Entscheidung, begehen kann, ist, sich von der Natur unabhängig zu wähnen und sich selbst absolut zu setzen.

Auf der anderen Seite ist in der modernen marktwirtschaftlichen Ökonomie genau diese Katastrophe im Verhältnis zur Natur eingetreten. Schon ein oberflächlicher Blick liefert genügend Beweise, daß im Verhältnis von Wert beziehungsweise Geld und Natur die Dinge schiefgelaufen sind. Die Volkswirtschaften feiern die Steigerung der Sozialprodukte, ohne einen Gedanken an deren Naturgrundlage zu verlieren. Die Zentralbanken produzieren ungeheure Geldmengen, ohne auf die Idee zu kommen, daß ihr Tun mit Physis zu tun hat. Aber auch das einzelne Individuum, der ökonomisch handelnde Bürger, würde sich wundern, wenn ihm jemand sagen würde, das Geld in seiner Tasche oder auf seinem Bankkonto stelle die Qualität der Natur dar, in der er lebt. Aber genau hier liegt der ökonomisch-ökologische Hund begraben. Das Problem ist überhaupt nicht die Tatsache, daß die Wirtschaft sich der Abstraktion bedient und ihre Rationalität auf Handlungsbegriffen wie Wert, Geld, Wachstum, Kapital, Einkommen oder Vermögen aufbaut, sondern liegt darin, daß sie diese ganze abstrakte Welt an Begriffen und Handlungsnormen von der physischen Wirklichkeit der Natur weitestgehend abgelöst hat. Deshalb weiß sie nicht, was überhaupt geschieht. Deshalb hat sie sich verirrt. Deshalb ist sie zu einer Kurskorrektur gezwungen.

5.2.2 Negatives Produkt: Der Weg, der in die Irre führt

Der Begriff "Produkt" kommt aus dem Lateinischen: producere. Etwas frei übersetzt meint er "hinführen". Produktion führt also irgendwo hin. Produkt ist Bewegung, ist physische Gestaltung, ist Formung der Natur. Richtiges Produkt führt auf einen guten Weg. Falsches Produkt führt in die falsche Richtung. Negatives Produkt führt in die Irre.

Das Problem der modernen Wirtschaftsweisen ist die Abstraktion des Wertes und der Wertbildung von der Natur. Die moderne Ökonomie weiß nicht, welches die Gründe dafür sind, daß aus einer Mark zwei werden können. Sie kennt die physischen Ursachen des abstrakten Wachstums nicht. Sie kennt insbesondere die überragende Rolle der Natur in diesem Prozeß nicht. Deshalb gelangt sie zu Fehlurteilen, falschen Positionsbestimmungen und auf Wege, die ihr zum größten Risiko werden.

Die intellektuellen Informanten, die Auskunft geben müßten über die Ursachen und Quellen der Wertbildung, sind die ökonomischen Theorien der Wertbildung, das heißt in marktwirtschaftlichen Systemen insbesondere die Kapitaltheorien. Allerdings wird man bei der Begründung dieser Theorien vergebens nach einer relevanten Mitproduktivität der Natur suchen. Mit Ausnahme der physiokratischen Werttheorie haben praktisch alle ökonomischen Wertlehren die Natur ex definitione von der Mitwirkung bei der Wertbildung ausgeschlossen[16]. Das Resultat sind abenteuerliche Verirrungen des ökonomischen Denkens. Beispielsweise wird in einer seriösen Werttheorie behauptet, Kapital sei deshalb produktiv und Zins könne deshalb bezahlt werden, weil die Eigentümer von Kapitalvermögen darauf verzichteten, das Geld konsumtiv auszugeben. Hier wird eine Voraussetzung der Wertakkumulation mit der Ursache von Wertbildung verwechselt. Dieses Beispiel soll lediglich erläutern, daß jegliche ökonomische Analyse, wenn sie erst einmal die Natur ausgeschaltet hat, nicht mehr in der Lage ist, die Wertproduktivität, die doch im Zentrum des wirtschaftlichen Denkens und Handelns steht, ausreichend zu erklären. Die ökonomische Theorie hat bisher an der Aufgabe, die produktive Be-

---

[16] Vgl. Immler 1985.

ziehung zwischen Naturproduktivität und ökonomischer Wertbildung aufzudecken, versagt.

Die Wirtschaftsakteure dagegen machen sich keine solchen Gedanken über die Ursachen des Werts, sie handeln. Sie wissen nicht viel von Natur, aber stellen erstaunt und erfreut fest, daß das Ökosystem Erde vollgefüllt von physischen Produktivitäten ist, die fast beliebig geerntet und in wirtschaftlichen Wert umgeformt werden können. Die Praxis braucht keinen Begriff von Natur, um aus dem Vollen zu schöpfen. Ihr ist völlig gleichgültig, ob diese wunderschöne Eigenschaft der Natur nun Rohstoff, Ressource, technischer Fortschritt, Wissenschaft oder Arbeitsproduktivität genannt wird, sie ist zufrieden mit der Tatsache, daß hier physische Gebrauchswerte und Nutzen geliefert werden, die nur insofern Kosten verursachen, als sie bearbeitet und transportiert werden müssen, die aber gleichzeitig abstrakten Wert in sich tragen, der dann am Markt als Geldwert realisiert werden kann. Im Verwertungsprozeß sehen die Akteure überhaupt keine Notwendigkeit, die eigentliche Quelle dieses Wunders verstehen und erklären zu müssen. Im Gegenteil, solange die Ursachen des abstrakten Werts im Dunkeln bleiben, können sie sich die Lorbeeren des vermeintlich erfolgreichen Wirtschaftsprozesses gar an den eigenen Hut stecken. In der ökonomischen Praxis wird nicht gedacht, sondern gehandelt: Hier werden Werte erzeugt, je mehr, desto besser.

Das wirtschaftliche Urvertrauen in die Unendlichkeit der abstrakten Wertproduktion wird erst erschüttert, wenn die Quellen des Wertes und der Werterzeugung bedroht sind. Aber genau auf diesen Kulminationspunkt im Verhältnis von Wert und Natur steuert die moderne Weltwirtschaft hin. Auf der einen Seite entsteht durch die weltweite Globalisierung der nationalen Ökonomien ein ungeheurer Druck zur fortgesetzten, radikalen und uneingeschränkten Wertproduktion. Mit raffinierten wissenschaftlichen, technologischen und organisatorischen Methoden wird an allen Plätzen und Ritzen des Ökosystems nach solchen Naturprodukten gesucht, die wirkliche oder potentielle Träger von Wert beziehungsweise Tauschwert sind. Die ganze Kunst der wirtschaftlichen Werterzeugung besteht danach darin, die Fähigkeit der Natur danach abzufragen, wo sie wirtschaftlich verwertbares Produkt von sich aus anbietet oder zur Produktion von Produkt angeregt werden kann. Auf der anderen Seite provoziert die weltweite und immer raffinierter werdende Anstrengung der Wirtschaft zur Erzeugung von Wert und mehr Wert das Naturprodukt zur analog wachsenden Verweigerung. Die ökologische Krise der modernen Gesellschaft scheint noch lange nicht überwunden. Wir kennen bisher lediglich ihre Vorstufen. Erst eine globalisierte und daher in bezug auf die Aneignung freier Naturprodukte radikalisierte Weltwirtschaft wird ihre Erfolge der scheinbar unbegrenzten Wertvermehrung mit einer globalen ökologischen Krise bezahlen müssen.

Ein gravierendes strukturelles Problem des aufgezeigten, destruktiv drohenden Zusammenhangs zwischen Natur und Werterzeugung besteht darin, daß dem einzelnen produzierenden oder auch konsumierenden Wirtschaftssubjekt sein Verhalten im Grunde weder als moralisch verwerflich noch als ökonomisch irrational vorzuwerfen ist. Als handelndes Individuum ist es allerdings insoweit verantwortlich, als es versäumt hat, eine Wirtschaftsordnung zu konstituieren, die das wirtschaftliche Verhalten der einzelnen Wirtschaftssubjekte mit dem Bestand und der Funktionsfähigkeit der ganzen Natur in Einklang zu bringen in der Lage ist. Doch stellt die Konstitution einer solchen Wirtschaftsordnung eine enorme gesellschaftliche Anstrengung dar. Da sie darüber hinaus nur als den ganzen Globus umspannende Weltwirtschaftsordnung wirklichen ökologischen Erfolg haben kann, ist ihre rasche Verwirklichung innerhalb weniger Jahre eher unwahrscheinlich: Die überwiegende Mehrheit der Produzenten und wohl auch der Konsumenten verweigert bisher die Bereitschaft, zügig und konsequent an einer funktionierenden ökologischen Wirtschaftsordnung mitzuwirken und die Preise zu bezahlen, die eine produzierende Natur verlangt.

Im Verhältnis zu ihrer Natur sind die Menschen in ihrer Eigenschaft als Wirtschaftssubjekte im Grunde auf einer paläolithischen Entwicklungsstufe stehengeblieben. Sie glauben, die Natur könne unentwegt und unbegrenzt ihre kostenlosen Produkte zum Zweck der menschlichen Produktion und Konsumtion liefern. Aber sie verkennen, daß ein paläolithisches Verhaltensmuster und eine industrielle Produktionsweise nicht miteinander vereinbar sind. Die industrielle Explosion der Aneignung von Naturprodukten erlaubt diese Freiheit im Umgang mit der Natur nicht mehr. Die Gründe dafür sind relativ einfach. Die industriell forcierte und wissenschaftlich-technologisch multiplizierte Suche und Aneignung von Naturprodukten und Naturproduktivitäten führt zur Gefährdung des Zusammenhalts der Naturganzheit. Indem im größtmöglichen Ausmaß einzelne physische Qualitäten zum Zweck der Wertproduktion aufgespürt und isoliert werden, droht in der Folge dieser millionenfachen Handlungen das Ganze der Natur zusammenzubrechen. Die fundamentalökonomische Annahme, daß die Summe der individuellen Handlungen zur gesamtwirtschaftlichen Wohlfahrt führen werde, ist im ökologischen Verhältnis zumindest so lange falsch, wie die Handlungen der Einzelnen nicht im Rahmen einer umfassenden, sozial konstituierten Naturordnung stattfinden.

Davon kann aber bis heute in keiner Weise die Rede sein. Sicherlich war es eine starke Leistung der neuzeitlichen Aufklärung, das Verhältnis der Bürger zueinander so zu gestalten, daß die Möglichkeit freier, gleichberechtigter und demokratischer Beziehungen zueinander geschaffen wurde. Der wirtschaftlich erfolgreiche Rechtsstaat ist ein ziemlich überzeugendes Ergebnis dieser aufklärerischen Anstrengung. Das anhaltende Wirtschaftswachstum und die ständig voranschreitenden wissenschaftlich-technologischen Erfolge galten bisher sozusagen als die Treibmittel zur materiellen Ausstattung bürgerlich-demokratischer Ansprüche. Die Gleichzeitigkeit von rechtsstaatlicher und ökonomischer Stärke liegt dem Modell der modernen Industriegesellschaft elementar zugrunde. Nun aber wird mit

Schrecken festgestellt, daß die Aufklärung im Verhältnis der Bürger untereinander weit vorangeschritten ist, daß jedoch ein anderer Konstruktionsteil am Gebäude der demokratischen Gesellschaft eine glatte Fehlkonstruktion darstellt. Seit dem Mittelalter wurden die wissenschaftlich-technologischen Fortschritte als Siege über die Natur gefeiert. Der technische Fortschritt stellte den Vektorpfeil der gesellschaftlichen Entwicklung dar. Ein technischer Rückschritt war definitorisch ausgeschlossen. Die moderne Gesellschaft löste ihr Naturproblem einfach dadurch, daß sie Zug um Zug die Naturkomponente aus ihrem Denken ausmerzte und an ihre Stelle die Fortschrittsbegriffe von Arbeit und Technik einführte. Damit waren die Grundlagen geschaffen für einen großartigen wirtschaftlichen Aufschwung der Industriegesellschaften, allerdings verbunden mit einer schizoiden Spaltung des Bewußtseins im Verhältnis zur Physis, deren eine Hälfte als Technik hochgehalten und gefeiert, deren andere Hälfte als Natur unterdrückt und ausgebeutet wurde. Selbst die problematischen Siege über die Natur wurden noch als Erfolge der Zivilisation gefeiert.

Der Sieg über die Natur ist den modernen Gesellschaften überzeugend gelungen. Aber jetzt merken sie, daß sie nicht nur nichts davon haben, sondern daß der vermeintliche Sieg über die Natur die eigene (individuelle und soziale) Natur zu bedrohen beginnt. Gleichzeitig tun sie sich schwer, sich auf die ganz neue Situation einzustellen. Die Menschen haben noch nicht begriffen, daß zur Konstruktion einer lebensfähigen gesellschaftlichen Moderne eine Art Aufklärung Teil zwei gehört, in der die Natur systematisch in die moderne Gesellschaft eingebaut wird. Die industrielle Ökonomie hat es blendend verstanden, Naturprodukte nach allen Regeln der Kunst aus den Ökosystemen abzuschöpfen und in wirtschaftlichen Wert umzumünzen. Aller gesellschaftlicher Reichtum der modernen Industriegesellschaften, sei es als Einkommen, Kapitalzins oder als Vermögenswerte, beruht letztlich auf einem grandiosen Beutezug gegen die Schätze der Natur. Mit der entstandenen ökologischen Krise aber wird deutlich, daß sich dieser Feldzug gegen die Natur ab einem bestimmten Punkt gegen die Menschen selbst wendet, weil das angenommene Feindesland einer weit draußen liegenden Natur in Wirklichkeit das eigene Haus, die eigene Wohnung darstellt. Der unterwerfende Sadismus gegen etwas Äußeres erweist sich völlig überraschend als Masochismus. Die Gesellschaften geraten in eine in jeder Hinsicht lebensbedrohliche Situation.

Was war der Fehler? Im Kern steht das falsch organisierte Naturverhältnis moderner Industriegesellschaften. Ausgerechnet die Kategorie aus dem gesamten ökonomischen Bewußtsein zu verbannen, deren Substanz als Quelle des ganzen gesellschaftlichen Reichtums benutzt wird, ist der schlimmste aller machbaren Fehler. Der entscheidende Mangel der modernen Gesellschaft liegt in der widersprüchlichen Gestaltung ihres ökonomischen Naturverhältnisses. Sie hat ihren Wirtschaftssubjekten die freie und uneingeschränkte Jagd auf alle Formen an Naturprodukten und -produktivitäten gewährt, ja, sogar dazu aufgerufen, aber sie war blind gegenüber der Tatsache, daß genau dieses Verhalten zur Zerstörung der Produktivität der Natur führen mußte. Die moderne Gesellschaft hat die Einheit der Natur als Produkt und Produktivität zu brechen versucht. Nun droht sie an diesem gescheiterten Versuch selbst zu zerbrechen.

5.3 Ökonomie als Organisation der Einheit von Naturprodukt und Naturproduktivität

Der industrielle Prozeß hat der ganzen Natur innerhalb weniger Jahrhunderte ein neues, immer häßlicher werdendes Antlitz verliehen. Aber nicht nur das schöne Gesicht ist bedroht, es sind auch die lebensnotwendigen Funktionen, die die Menschen von der Natur benötigen und die immer mehr ihren Dienst verweigern. Diese Tatsachen verdeutlichen die wirklichen Leistungen der Sozialprodukte und den tatsächlichen Zustand des Volksvermögens. Was nützt es, über Milliarden auf einem Bankkonto zu verfügen, aber systematisch am Leib der Gesellschaft Schaden zu nehmen.

Die Natur ist schon lange durch die Industrialisierung zum Produkt des Menschen geworden und wird es immer mehr. Dies geschieht analog zu jedem anderen wirtschaftlichen Produkt. Auch indem wirtschaftliche Produkte hergestellt werden, wird Materie beziehungsweise Energie nicht neu erzeugt, sondern in einen neuen Zustand mit neuen Qualitäten transformiert. Wenn gesagt wird, die Elektrizitätswirtschaft habe soundsoviel Energie "erzeugt", dann hat sie diese Qualität ja nur dadurch hervorgebracht, daß sie die Naturkräfte in ihren Dienst genommen hat. Wer also ohne Schwierigkeiten sagen kann, daß die Menschen Hühnereier, Schweinebraten, Blumenbeete, Häuser und Wohnungen, Nahrungsmittel, Kleidung und Medikamente "produzieren", der wird konsequenterweise auch sagen müssen, daß die Menschen die Natur als Ganze produzieren, weil durch die Summe der wirtschaftlichen Einzelhandlungen die Gesamtheit der Ökosysteme in analoger Weise wie bei den Einzelprodukten neu geformt und hergestellt wird. Dies ist gemeint, wenn wir von Natur als Produkt und Produktivität sprechen.

Diese Verbindung zu denken fällt sicherlich zunächst eher schwer. Aber sie ist entscheidend für ein wirtschaftliches Denken, das der ökologischen Reform der Industrie gerecht werden will. Es bedeutet nämlich, daß die Natur selbst im Bewußtsein der Wirtschaftssubjekte von der bloßen Bedingung zum Ziel der Produktion gewandelt wird. Indem man erkennt, daß Natur so oder so, bewußt oder unbewußt Produkt der tätigen Menschen ist beziehungsweise schon lange geworden ist, wird schlagartig klar, daß man diesem Gesamtprodukt der Wirtschaftätigkeit viel zu wenig Beachtung geschenkt hat. Wenn wir anerkennen, daß die Naturökosysteme heute schon in gravierendem Ausmaß jene Gestalt annehmen, die der Industrieprozeß ihr "unbewußt" zufügt, dann liegt ein wesentlicher Fortschritt darin, daß sich die Gesellschaft über die - bisher negative - Qualität dieses Produktes Klarheit verschafft. Erst indem sie sieht, wie schlecht es um dieses Gesamtprodukt aussieht, wird sie in der Lage sein, die Ziele und Normen für die ökologische und humane Gestaltung dieses Produktes neu zu definieren.

Erst in der Einheit von Produkt und Produktivität erreicht die menschliche Gesellschaft die Voraussetzungen für ein ökonomisches Naturverständnis, das durch wirtschaftliche Handlungen einen Weg aus der fundamentalen Naturkrise weist. "Natur als Produkt und Produktivität" ist eine faszinierende Reformaufgabe einer sich in eine reproduktive Ökonomie transformierende industrielle Produktionsweise. Diese Aufgabe beinhaltet, die stofflich-energetischen Ströme des industriell-ökologischen Gesamtprozesses nicht nur zu registrieren, zu analysieren und effizient zu steuern, sondern bedeutet materielle und ästhetische Ziele für die Qualitäten der Natur sozial zu bestimmen. Sie eröffnet den Blick für die Tatsache, daß wir inzwischen selbstverantwortlich sind für den Zustand der Erde und der Lebensbereiche, die uns umgeben, und daß es unsere wirtschaftlichen Handlungen sind, durch die wir dieser Verantwortung nachkommen oder nicht.

Wenn wir die Natur in diesem Sinne als unser Produkt begreifen, sehen wir deutlicher unsere eigene Rolle bei ihrer Zerstörung und bei ihrer möglichen Wiederherstellung. So betrachtet ist der riskante Begriff von einer produzierten Natur das Gegenteil eines industriellen Machbarkeitswahns. Der Begriff läßt uns begreifen, was wir wirtschaftlich mit der ganzen Natur machen dürfen, läßt uns aber auch wissen, daß uns enge Grenzen gesetzt sind, da unsere Kenntnisse von dem Naturganzen letztlich unendlich klein sind.

6 Ökonomie der Reproduktion und das Prinzip Nachhaltigkeit

6.1 Das Prinzip nachhaltiger Ökonomie

Das Verständnis über die Einheit von Naturproduktivität und Naturprodukt ist die Grundlage, auf der sich eine reproduktive Ökonomie zu entfalten vermag. In der aktuellen gesellschaftspolitischen Diskussion um die Prinzipien einer Ökonomie der Nachhaltigkeit verspricht sich dieses Verständnis Ausdruck zu verschaffen: Das Nachhaltigkeitsprinzip, das substantiell auf der Einheit von Produktion und Reproduktion beruht, gerät zu einer ökonomischen Perspektive in der Industriegesellschaft und weist doch zugleich auch schon über diese hinaus.

Mit Blick auf die Nachhaltigkeit ökonomischer Prozesse sind zwei Aspekte von grundlegender Bedeutung: Ist einerseits die Erhaltung der Natur als Grundlage sozialer und ökonomischer Prozesse Zweck einer nachhaltigen Wirtschaftsweise, so kommt hierin die quantitative Dimension des Nachhaltigkeitsprinzips zum Ausdruck (Bestandserhalt). Zum anderen aber geht es bei der Umsetzung einer nachhaltigen Wirtschaftsweise zentral um die Gesunderhaltung der Natur: Hierauf beruht die qualitative Aufgabe einer nachhaltigen Ökonomie (Produktivitätserhalt).

Innerhalb des politischen und wissenschaftlichen Diskurses um die Prinzipien einer Ökonomie der Nachhaltigkeit erhält die Industriegesellschaft die Chance, die ökonomischen Ursachen der von ihr hervorgebrachten ökologischen Probleme zu verstehen und diese schließlich auch anzugehen. Denn im Ringen um einen nachhaltigen Entwicklungsweg beginnt sie, sich ein Bewußtsein darüber zu verschaffen, daß die Grenzen des Wachstums gerade nicht entweder am Anfang der Produktlinie (bei den begrenzt verfügbaren Naturressourcen) oder am Ende (bei den begrenzten "Aufnahmekapazitäten" der Umweltmedien) zu suchen sind, sondern daß diese beiden natural bestimmten Seiten wirtschaftlicher Prozesse unmittelbar miteinander verbunden sind - ja, daß sie gar ein und derselbe Naturprozeß sind.

Diese Einsicht ist allemal neu: In den siebziger Jahren noch wurden die Grenzen des Wachstums beinahe ausschließlich als eine Begrenzung auf der Seite der physisch-materiellen Grundlagen der Wirtschaftsprozesses (Ressourcenverfügbarkeit) gesehen. Inzwischen stellt sich das Problem der ökologischen Grenzen ökonomischer Wachstumsprozesse auch und gerade von der anderen Seite: Die ökologischen Resultate wirtschaftlichen Handelns - die Qualitäten der natürlichen Umwelt, die als Folge menschlicher Wirtschaftsprozesse entstanden sind, wie zum

Beispiel die zerstörte Ozonschicht und der sogenannte Treibhauseffekt mit allen daraus resultierenden ökologischen Folgen, erweisen sich als die begrenzenden Faktoren für die zukünftige Entwicklung der Gesellschaft. Im Diskurs um das neue Leitbild "sustainable development" werden sich die politischen und wirtschaftlichen Akteure daher zunehmend bewußt, daß verbunden mit den Entscheidungen über Art und Umfang dessen, was in der Gegenwart produziert und konsumiert wird, zugleich über jene ökologische Qualitäten entschieden wird, die die physischen Grundlagen künftiger Wirtschaftsprozesse darstellen werden - daß also über die Möglichkeiten und Grenzen künftiger Entwicklung schon heute entschieden wird. Das Naturprodukt, das die Gesellschaften durch ihre gegenwärtigen ökonomischen Praxen hindurch herstellt, ist in diesem Sinne nichts anderes als zukünftig verfügbare Naturproduktivität, als die physische Grundlage für alle künftigen ökonomischen Praxen. Die Qualität der ökonomischen Entscheidungen, wie sie durch die jetzt lebende Generation getroffen werden, wird sich daher daran messen lassen müssen, ob und inwieweit es dieser gelingen wird, das ökologische Erbe, das sie an die folgenden Generationen übergibt, in einem fruchtbaren und gepflegten Zustand zu hinterlassen.

Insoweit sich die soziale Gemeinschaft, die sich als Weltgemeinschaft 1992 in Rio de Janeiro auf die Prinzipien der nachhaltigen Entwicklung verständigt hat, zugleich dem Gebot der intergenerationellen Gerechtigkeit verpflichtet fühlt, stehen insbesondere die Industriegesellschaften vor der Aufgabe, ihre Wirtschaftsweise mit Blick auf die Zukunftsfähigkeit der ganzen menschlichen Gesellschaft umzuorientieren.

Die neue Qualität des Diskurses um eine nachhaltige Entwicklung liegt also darin, daß sich die Industriesysteme in einen historisch einmaligen Prozeß begeben, indem sie sich über die Naturhaftigkeit ihrer ökonomischen Produktivität - der Produktivität, die sie bisher ausschließlich für ihre eigene gehalten hatten - bewußt zu werden beginnen. Galt die ökologische Natur der Industrie und ihrer Ökonomie bisher lediglich als Quelle und Ressourcenspenderin, so zeigt sie sich nunmehr auch von ihrer anderen Seite: Sie tritt der Industrie als ihr eigenes Produkt - als das aus den industriellen Produktions- und Konsumtionsprozessen hervorgegangene unfruchtbare Produkt - gegenüber.

Jetzt offenbart sich die Einheit von Naturproduktivität und Naturprodukt. Es wird deutlich, daß indem die Produkte und Leistungen der ökologischen Natur als Stoffe und Energie in Anspruch genommen werden, daß indem diese in Produktion und Konsumtion umgewandelt und umgeformt werden, zugleich (bewußt oder unbewußt) ökologische Qualitäten wiederhergestellt werden - produktive, aber auch und in immer größerem Umfang kontraproduktive ökologische Qualitäten. Sollen die physischen Voraussetzungen wirtschaftlichen Handelns also nachhaltig gesichert werden, führt kein Weg darum herum, den Wiederherstellungsprozeß mit Blick auf die Zukunftsfähigkeit menschlicher Entwicklung "richtig" zu organisieren. Keine geringere Aufgabe als die physische Reproduktion ist es, die sich entlang des Weges in eine nachhaltige Ökonomie stellt.

Vor diesem Hintergrund läßt sich sagen, daß eine Ökonomie der Reproduktion und eine nachhaltige Wirtschaftsweise im Kern identische Konzepte von einer Wirtschaft im Einklang mit der Natur sind.

Dies kann auch anders gar nicht sein, denn das Prinzip nachhaltigen Wirtschaftens verweist ganz direkt auf die physische Einheit von Produktion und Reproduktion. Das Konzept der nachhaltigen Nutzung von Naturressourcen steht für das Gebot, die Bewirtschaftung der Natur in Abhängigkeit von den den Ökosystemen eigenen Reproduktionsbedingungen und Reproduktionszeiten zu gestalten. Das Nachhaltigkeitsprinzip basiert also auf dem Wissen der Wirtschaftssubjekte um die Untrennbarkeit der Herstellungsprozesse von den Wiederherstellungsprozessen. Und (das ist entscheidend) dieses Wissen formuliert sich im Nachhaltigkeitsprinzip als ein ökonomisches Prinzip.

Doch was aus dem Blickwinkel nachhaltiger Ökonomie pure Selbstverständlichkeit ist, nämlich daß die Inanspruchnahme des ökologischen Haushaltes als Ressourcenquelle und die Gestaltung desselben ökologischen Haushaltes durch die anthropogene Güterproduktion ein und derselbe Prozeß sind, ist dem industrieökonomischen Denken und Handeln zu lange und zu vollständig fremd geblieben. Im Industriesystem wird die Natur zwar als Quelle und materielle Grundlage dessen gesehen, was für die Produktion von wertförmigen Dingen gebraucht wird. Umgekehrt aber tut sich das Industriesystem ungemein schwer, die ökologische Natur auch als Resultat, als das Produkt ihrer produktiven und konsumtiven Prozesse zu erkennen. Ja, die Betrachtung dieser beiden Seiten der ökonomischen Prozesse in ihrem Zusammenwirken steht geradezu in Widerspruch zur ökonomischen Logik der Industrie: Erst das Verständnis für die Einheit von Produktivität und Produkt führt schließlich zu der Einsicht, daß es sich bei der Produktion ökonomischer Güter und bei der Produktion ökologischer Qualitäten um einen einzigen, nicht voneinander trennbaren Prozeß handelt. Auf Grundlage dieser Einsicht, die im Nachhaltigkeitsprinzip schon verankert ist, beginnt sich die industrielle Ökonomie in eine Ökonomie der Reproduktion zu transformieren.

Ausgehend vom Prinzip des nachhaltigen Wirtschaftens wird die menschliche Ökonomie zu einer Managementaufgabe: Gefordert ist ein Management der ökonomischen Entscheidungen über die materiellen Produktions- und Konsumtionsprozesse entlang der Frage, welche reproduktiven Qualitäten die aus diesen Prozessen hervorgehenden ökologischen Produkte aufweisen werden (vgl. Kapitel 3). Originäre Aufgabe von Ökonomen wäre es daher, die Inanspruchnahme des Naturhaushaltes als Quelle von ökologischen Produkten und Leistungen und die Veränderung desselben ökologischen Haushaltes durch den Prozeß des menschlichen Haushaltens hindurch im Zusammenhang zu sehen und zu bewerten. Denn erst wenn wir unsere Produkte als ökologische Produkte zu erkennen verstehen, lernen wir sie mit Blick auf ihre Eignung als produktive Basis aller zukünftiger Wirtschaftsprozesse zu bewerten und zu gestalten. Die Reproduktion der ökologischen Natur wird zur vorrangigen Aufgabe und zum wichtigsten Ziel menschlicher Ökonomie.

Das Wesen der nachhaltigen Wirtschaftsweise beruht also auf dem Verständnis darüber, daß ökonomisches Denken und Handeln die Produktivität des Wirtschaftsprozesses von der Reproduktivität desselben Prozesses nicht zu trennen vermag. Denn die Schöpfung physischer Werte läßt sich prinzipiell von der Erhaltung und Wiederherstellung der Physis als ganzer nicht loslösen. Der Produktivitätsbegriff der industriellen Wertökonomie, der Produktivität noch mit Rentabilität des eingesetzten Kapitals gleichsetzt und darunter nichts als die Schöpfung von Geldwerten versteht, erscheint demgegenüber bloß noch als naiv.

Das Konzept nachhaltigen Wirtschaftens fordert zu einem erweiterten Verständnis der auf uns zukommenden Aufgaben heraus: Es erschöpft sich gerade nicht in der Formulierung bloßer restriktiver Bedingungen für die menschliche Ökonomie, sondern im Gegenteil verweist es als ein ökonomisches Leitbild ganz unmittelbar auf eine Gestaltungsaufgabe - auf die Notwendigkeit zur Umgestaltung der industriellen Wirtschaftsweise mit dem Ziel, die Herstellung des (zwangsläufig mitproduzierten) Naturproduktes richtig zu organisieren. In diesem Sinne entspricht das Konzept nachhaltigen Wirtschaftens originär den Grundzügen reproduktiver Ökonomie.

6.2 Der Schlüssel zum Verständnis des Nachhaltigkeitsprinzips liegt in der Naturproduktivität

Doch betrachten wir die aktuelle Diskussion um die Prinzipien einer Ökonomie der Nachhaltigkeit vor dem Hintergrund der hier dargelegten Überlegungen in bezug auf die reproduktive Ökonomie, so wird deutlich, wie groß noch die Gefahr ist, daß die Rede von der "nachhaltigen Entwicklung" zu einer bloßen Leerformel verdirbt.

Zwar wird die physische Dimension ökonomischen Handelns als der primäre Zugang zum Verständnis der Prinzipien nachhaltigen Wirtschaftens durchaus wahrgenommen, doch häufig in demselben Augenblick auch schon wieder verleugnet. Nachhaltige Entwicklung und nachhaltiges Wirtschaften werden allzu oft reduziert auf das Gebot des Bestandserhalts - auf die Pflicht, das sogenannte Naturkapital zum Nutzen künftiger Generationen konstant zu halten. Im ökonomischen Diskurs über nachhaltiges Wirtschaften wird zu selten die Produktivität des Naturhaushaltes reflektiert, obgleich diese den Kern nachhaltiger Ökonomie ausmacht.

Zwar bildet sich im Begriff "Naturvermögen" - deutlicher wohl als im Begriff "Naturkapital" - die physische Dimension dessen ab, was der ökologische Haushalt für die anthropogene Wirtschaft bereithält, und doch meint dieser Begriff zunächst nur die Bestandsgröße: Die produktiven Leistungen der ökologischen Natur werden unter den Vermögens- beziehungsweise Kapitalbegriff subsumiert. Gerade in der Unterordnung der Produktivität unter den bestandsorientierten Vermögensbegriff mag aber die Quelle eines sich durch den Nachhaltigkeitsdiskurs hindurchziehenden, für das Verständnis nachhaltiger Ökonomie unfruchtbaren Mißverständnisses und damit verbunden die Ursache einer viel zu einäugigen Strategiediskussion liegen.

Nicht die reproduktiven Qualitäten der materiellen Ergebnisse anthropogener Wirtschaftsprozesse, sondern die Effizienz im Verhältnis zwischen eingesetzter Ressourcenmenge und realisiertem (anthropogenen) Nutzen steht allzu häufig im Mittelpunkt dieser Diskussion. So wird der strategische Schwerpunkt auf die Optimierung des materiellen und energetischen Wirkungsgrades, also auf die Verbesserung der Ressourcenausbeute, gelegt. Der Nachhaltigkeitsdiskurs spitzt sich immer mehr zu auf die Frage: "Wie können wir aus weniger mehr machen?". So wichtig diese Frage auch sein mag, in der Ausschließlichkeit der quantitativen Rationalität, in der sie daherkommt, führt sie bestenfalls in eine Sackgasse. Schlimmstenfalls aber führt sie wieder zurück in das alte Dilemma der Abstraktion von der physischen Substanz des Wirtschaftsprozesses. Ja, in der einseitigen Ausrichtung auf den Effizienzkalkül läuft der gerade begonnene gesellschaftspolitische und wissenschaftliche Diskurs gar Gefahr, das Nachhaltigkeitsprinzip in seiner Substanz zu verstümmeln. Allein auf Grundlage einer Effizienzrevolution wird es nicht gelingen können, eine nachhaltige Entwicklung einzuleiten.

Der im Rahmen der Sustainability-Debatte so zentral gewordene Effizienzkalkül bringt sich im Begriff "Ressourcenproduktivität" zum Ausdruck. Zwar ist hiermit physische Effizienz gemeint, doch in der zentralen Bedeutung, die der Ressourcenproduktivität innerhalb des Nachhaltigkeitsdiskurses zugewiesen wird, läuft die ökonomische Analyse Gefahr, das der industriellen Ökonomie verpflichtet gebliebene Denken - ein Denken, das Produktivität mit "Rentabilität" des eingesetzten Geld- und Sachkapitals gleichsetzt - in die Natursphäre hinein zu verlängern. Ausgehend vom Begriff Naturkapital rückt zu leicht die Frage nach der "richtigen" Bewirtschaftung der Natur als bloßes Ressourcenlager wieder in den Vordergrund und dies, obgleich doch ausgehend vom Verständnis der Nachhaltigkeit als einem ökonomischen Prinzip implizit schon der Begriff "Ressource" als solcher in Frage steht. Der ökologische Haushalt in seiner ganzen ökonomischen Funktion, die auf der Einheit von Produktivität und Produkt beruht, muß Gegenstand dessen sein, was es im Rahmen der Sustainability-Diskussion als Zweck nachhaltigen Wirtschaftens zu begreifen gilt.

Der bestandsorientierte Zugang über die Ressourcenproduktivität allein vermag den Weg zu einer nachhaltigen Wirtschaftsweise daher nicht zu weisen. Der zweite, womöglich wichtigere Zugang zur Ökonomie der Nachhaltigkeit - das Ziel der Erhaltung der Naturproduktivität als einer qualitativen Größe - geht darin mehr oder weniger unter. Erst indem sich die Wirtschaftsakteure der Einheit von Naturprodukt und Naturproduktivität gestaltend zuwenden - erst indem sie gewordene und werdende Naturqualität als ihr eigenes Produkt erkennen und sich diesem Produkt vorsorgend widmen -, schaffen sie die Grundlage für eine zukunftsfähige nachhaltige Ökonomie.

Ausgehend von der am Prinzip der Nachhaltigkeit orientierten ökonomischen Vernunft nämlich ist die Naturressource als solche von vergleichsweise geringerer Bedeutung: Diese wird hier als ein Produkt wahrgenommen - als ein Naturprodukt, für dessen ökologischen Herstellungsprozeß der wirtschaftende Mensch Sorge zu tragen hat. Nicht das Produkt der ökologischen Natur, sondern der naturale Produktionsprozeß - der ganze ökologische Prozeß, den die Natur vollzieht, um das Produkt, das durch den Menschen genutzt wird als wäre es nur eine "Ressource", hervorzubringen - ist Gegenstand und Zweck einer nachhaltigen Wirtschaftsweise.

Wer das ökonomische Denken und Handeln ausschließlich auf die Ressource richtet, wird nicht verstehen, was es heißt, nachhaltig zu wirtschaften. Denn in dieser verkürzten Rationalität bleibt der Kern nachhaltiger Ökonomie - die Produktivität der Natur - außen vor. Es gilt endlich zu erkennen, daß es vielmehr der Naturprozeß und gerade nicht allein das isolierte, auf das abstrakte, effizienzorientierte Denken zugeschnittene Naturprodukt ist, dem auf dem Weg in die nachhaltige Wirtschaftsweise die ökonomische Aufmerksamkeit zuteil werden muß.

Entlang der Frage, welcher Aspekt im Rahmen der Sustainability-Diskussion in den Vordergrund rückt - der bestandsorientierte, im Begriff "Naturvermögen" beziehungsweise "Naturkapital" zum Ausdruck kommende Aspekt oder der prozeßorientierte Aspekt, wie er im Begriff "Naturproduktivität" enthalten ist - wird sich daher maßgeblich entscheiden, welchen inhaltlichen Verlauf die Diskussion nehmen wird und welche ökonomische Innovationskraft von ihr auszugehen verspricht: Die bislang dominierende Diskussionslinie verläuft sowohl im US-amerikanischen Raum ("Ecological Economics") als auch in Europa entlang des Kapitalbeziehungsweise Vermögensbegriffs, womit die physische Effektivität des Wirtschaftsprozesses in den Vordergrund rückt.

Was ist "Naturkapital"?

Entlang der zwei Regeln ("Managementregeln") im Theorieansatz der "Ecological Economics" - Orientierung der Ressourcennutzung und Orientierung des Stoffeintrags an der Regenerationsfähigkeit der Ressourcen beziehungsweise an den Aufnahmekapazitäten der Ökosysteme - werden die ökonomischen Funktionen des ökologischen Systems a priori voneinander getrennt: in Ressourcen (erneuer-

118

bare und nicht erneuerbare Ressourcen) einerseits und in Aufnahmekapazitäten der Ökosysteme für Stoffe anthropogenen Ursprungs andererseits. Beide Funktionsseiten werden unter den Begriff "Naturkapital" gefaßt[17]. Der Umfang (scale) des ökonomischen Systems ist dementsprechend so zu bemessen, daß der ökologische Kapitalstock als solcher unangetastet bleibt.

Obwohl sich im Begriff "ökologischer Kapitalstock" das tradierte ressourcenseitige Denken um die Aufnahmekapazitäten der ökologischen Systeme erweitert hat, zeigt sich bei näherer Betrachtung doch, daß dabei die dem Ressourcenbegriff noch zugrunde liegende Lagerhallenmentalität im Grundsatz weder in Frage gestellt noch etwa aufgegeben wird.

Denn "Aufnahmekapazitäten" und "Senkenfunktion" des Ökosystems werden in dieser Logik funktional wieder zu Ressourcen. Beide Seiten - die Entnahme von Stoffen aus dem und die Abgabe von Stoffen an den ökologischen Haushalt - werden noch immer als voneinander unterscheidbare, als getrennte Funktionen wahrgenommen, die sich vermeintlich in einer der ökologischen Natur gegenüberstehenden ökonomischen Sphäre vollziehen. Auf der Basis eines solchen Verständnisses sind es anscheinend zwei ökologische Welten, die da unbesehen entstehen - zwei isoliert voneinander, allein durch ihre jeweils andere ökonomische Funktion (Ressource und Senke) definierte Systeme. Was dabei nicht ausreichend beachtet wird, ist, daß noch indem die Aufnahmekapazitäten des Naturhaushaltes genutzt werden - indem Stoffe (und Energie als Wärme) an die ökologische Natur abgegeben werden -, zugleich gewollt oder ungewollt die Ressourcen der Zukunft als Naturprodukte und Naturproduktivitäten hergestellt werden. Um Naturprodukte in für den Menschen nützliche Güter und Leistungen umzuwandeln, wird die Aufnahmekapazität des einen ökologischen Systems also nicht nur prospektiv in Anspruch genommen, sondern dessen Funktionen werden insgesamt als ein Produkt der menschlichen Ökonomie umgestaltet. So selbstverständlich es ist, daß ein Maisfeld auch bei nachhaltiger Bewirtschaftung andere ökologische Eigenschaften und andere Regenerationsfähigkeiten hervorbringt und daher schließlich über andere Aufnahmekapazitäten verfügt als eine unbewirtschaftete Fläche, so schwierig ist es, die Einheit von Produkt und Produktivität auch in bezug auf jeden anderen industriellen Prozeß zu verstehen: Das bei der Herstellung eines chemischen Grundstoffs mitproduzierte ökologische Produkt wird andere Qualitäten aufweisen als das Naturprodukt, das beispielsweise aus der Herstellung von Stahl hervorgeht. Kein einziger Prozeß der Güter- und Leistungserstellung findet statt, ohne daß dabei zu-

---

[17] Daly faßt den Begriff explizit bestandsorientiert auf ("stock"): Naturkapital ist in der Bedeutung, die er dem Begriff verleiht, auf dem Erbwege an die nachfolgenden Generationen weiterzugeben (im Unterschied zu "human capital", das von Generation zu Generation erneuert werden muß). (Vgl. Daly 1992, 33 f.)

gleich ein Naturprodukt miterzeugt würde, dessen jeweils besondere Qualitäten eine jeweils besondere Produktivität - oder Kontraproduktivität - schon enthält. Was als (gegebene) Aufnahmekapazität ökologischer Systeme wahrgenommen wird, ist im wesentlichen schon ein industrielles Erzeugnis - das im ökonomischen Verwertungsprozeß erzeugte und im ökonomischen Bewertungsprozeß abgespaltene ökologische Produkt der Industrie. Es bleibt daher nichts anderes übrig, als die beiden ökonomisch funktionalen Seiten des ökologischen Haushaltes - die Ressourcen- und die Senkenfunktion - als ein einziges, produktiv ineinander wirkendes physisches System zu begreifen und dessen ökonomische Bedeutung für den anthropogenen Haushalt jenem in seiner Ganzheit zugrunde zu legen.

Die Frage nach dem Bestand des sogenannten Naturkapitals überschattet in der Nachhaltigkeitsdiskussion die Frage nach der Qualität der Naturproduktivität so weit, daß letztere ganz und gar verlorenzugehen droht. Doch das erste Ziel nachhaltiger Ökonomie - der Bestandserhalt - wird ohne systematische Verfolgung des zweiten Ziels - Erhalt und Erneuerung der Naturproduktivität - zwangsläufig unerreichbar bleiben.

Denn wird die ökologische Natur des Industriesystems zugleich als dessen produktive Basis und als dessen Produkt verstanden, erweist sich die Frage, ob und inwieweit der ökologische "Kapitalstock" erhalten und auf dem Erbwege an die nachfolgenden Generationen weitergereicht werden kann, als redundant. Die industrielle Ökonomie stellt die Natur als ganze schon her. Sie hat daher nichts mehr zu vererben als nur noch ihr eigenes Produkt. Die entscheidende Frage ist also, welche ökologischen Qualitäten sie erzeugt, um sie an die folgenden Generationen weiterzureichen. Den "Kapitalstock", von dessen Zinsen die Ökonomie des Industriesystems zehrt und der allen folgenden Wirtschaftsgesellschaften ebenso ihr einziges Vermögen sein wird, bringt das Industriesystem durch seine Wirtschaftsweise hervor. Wer den Begriff "Naturkapital" von dem des "Humankapitals" ausgerechnet unter dem Aspekt der Erneuerungsbedürftigkeit zu unterscheiden sucht[18], irrt in einem zentralen Punkt. Diese Unterscheidung mag für die frühindustrielle Wirtschaftsweise noch richtig gewesen sein, für das industrieökonomische Naturverhältnis der Gegenwart hat sie jedoch längst keine Gültigkeit mehr. Eine Wirtschaftsweise, die die ganze Natur, einschließlich der ökologischen Reproduktionsfunktionen, in den ökonomischen Verwertungsprozeß schon internalisiert hat, stellt das physische Erbe, das sie an die künftigen Wirtschaftssubjekte weiterreicht, selbst her. Der bestandsorientierte Naturbegriff, wie er im "Naturkapital" zum Ausdruck kommt, ist nicht mehr zeitgemäß. Es bedarf statt dessen eines prozeßorientierten ökonomischen Verständnisses von der Natur, deren ökologische Pro-

---

[18] Vgl. Daly 1992, 34.

duktivität durch den wirtschaftenden Menschen nicht nur genutzt, sondern zugleich auch erneuert - wiederhergestellt wird. Es bedarf einer reproduktiven Ökonomie.

Vor diesem Hintergrund aber gerät auch die Frage nach dem "rechten Maß" (scale) des ökonomischen Systems, wie sie im Rahmen der ökonomietheoretischen Debatte um das Nachhaltigkeitsprinzip thematisiert wird, zu einer Frage nach der Qualität der ökonomischen Prozesse - eine Frage, die jene nach dem Ausmaß zwar enthält, aber zugleich schon weit darüber hinausgeht. Das von Daly entwickelte Bild von der "empty world" und "full world"[19] erweist sich, so anschaulich es auch sein mag, im Grunde als falsch - falsch zumindest dann, wenn es die analytische Grundlage zum Verständnis einer Ökonomie der Nachhaltigkeit darstellen soll. Denn die Frage danach, wieviel "Raum" sich das ökonomische Subsystem innerhalb des übergeordneten Ökosystems nehmen darf, ist in dieser Form längst schon beantwortet. Die industrielle Ökonomie hat bereits den ganzen ökologischen Raum vereinnahmt, indem sie ihn umfassend und irreversibel nach ihren eigenen - in bezug auf ihre physische Produktivität und ihr physisches Produkt blinden - Gesetzen gestaltet hat. Der Weg von der "vollen" zur "leeren" Welt - ja, auch der Weg zu einer "halbvollen" Welt, ist schon versperrt. Was in dieser Situation bleibt, ist der Versuch, eine unumkehrbar "volle Welt" vorsorglich und zukunftsfähig zu gestalten.

Anders ausgedrückt: Es steht längst nicht mehr an zu fragen, wie voll der "Ressourcensack" sein muß oder wie leer er sein darf, damit wir ihn mit gutem Gewissen an die nachfolgenden Generationen weiterreichen können, sondern die eigentliche Frage ist, was wir in diesen Sack hineintun. Die Entscheidung über das physische Erbe, das wir hinterlassen, ist zu einer Entscheidung über Produktion und Reproduktion von Naturqualitäten längst schon herangereift, ohne daß diese Entwicklung bemerkt oder gar ökonomisch gesteuert worden wäre. Es gilt daher, endlich zu begreifen, daß primär die physisch-ökologische Qualität ökonomischer Prozesse organisiert werden muß und daß die Frage nach dem Ausmaß des ökonomischen Systems als eine sich daraus ableitende Frage in dieser Aufgabe aufgehoben ist. Indem wir uns darüber Gewißheit verschaffen, daß eine physische Trennung zwischen ökologischem und ökonomischem System irreversibel aufgehoben ist, wird die Gestaltung des Ganzen - die Gestaltung der Einheit von ökonomischen und ökologischen Entwicklungsprozessen - zur Aufgabe der wirtschaftenden Menschen.

Eine nachhaltige Wirtschaft realisiert sich nicht allein in der restriktiven Beachtung anscheinend vorgegebener Grenzen des ökologischen Systems. Das Industriesystem hat sich bereits so weit in ein gestaltendes Verhältnis zur ökologischen Natur eingelassen, daß es nunmehr nur darum gehen kann, die Gestaltung des Öko-

---

[19] Vgl. Daly 1992, 29 ff.

systems Erde als eine bewußte Aufgabe menschlicher Ökonomie anzuerkennen und wahrzunehmen. Für diese Aufgabe aber ist der Begriff "Naturkapital" in seinen zwei, vermeintlich unterscheidbaren Bedeutungen (Ressourcen- und Senkenfunktion der Ökosphäre) mit Gewißheit zu eng. Denn als "Naturkapital" läßt sich wohl das "fertige" Naturprodukt (Ressource) und ökologische Natur als ein "fertiger" Zustand (Aufnahmekapazität) erkennen, aber die Vielfalt der ökologischen und der anthropogenen Prozesse, innerhalb derer sich Ressourcen und Aufnahmekapazitäten herausbilden, bleibt im Begriff "Naturkapital" letztlich unsichtbar.

Die Physis nimmt in der ökonomietheoretischen Debatte um nachhaltige Entwicklung zwar eine prinzipiell vorrangige Rolle im Verhältnis zur abstrakten Wertökonomie als Geldwirtschaft ein, doch bleibt sie dabei zeitlos und starr. Im Begriff "Naturkapital" läßt sich weder die dem Industriesystem und seiner Ökonomie als Grundlage dienende Naturproduktivität noch das durch diese Ökonomie hervorgebrachte Naturprodukt adäquat abbilden: Die Natur, die in der Gestalt des "Naturkapitals" die ökonomische Bühne betritt, scheint daher gleichsam noch unberührt zu sein und doch schon tot. Die lebendige, ökologische Natur in ihrer Veränderlichkeit und in ihrer Verletzbarkeit bleibt in diesem Naturverständnis im Grunde unverstanden. Ja, die Natur erscheint auch hier wieder als konstante, als dem Wirtschaftsprozeß vorausgesetzte, ewig sprudelnde Quelle, deren Bestandserhaltung als eine bloß restriktive Vorgabe für den anthropogenen Haushalt formuliert wird. Doch dieses restriktive Verhältnis zwischen ökologischem System und ökonomischem Subsystem, wie es sich in der Nachhaltigkeitsdebatte abzeichnet, ist absolut trivial. Nachhaltiges Wirtschaften muß endlich als eine ökonomische Aufgabe der Naturerhaltung durch Naturgestaltung erkannt werden.

Die Entfaltung der theoretischen Basis einer Ökonomie der Nachhaltigkeit erfordert daher unausweichlich eine ökonomietheoretische Auseinandersetzung mit der Naturproduktivität: Es gilt, die Naturproduktivität als die primäre Funktion des Naturhaushaltes zu begreifen: Sie bringt das Naturvermögen - als Naturstoffe und Energie sowie als Naturleistungen - hervor. Die Produktivität dem Produkt unterzuordnen, indem sie unter den Kapitalbegriff subsumiert wird, ist nicht nur sinnlos, sondern in der Konsequenz irreführend. Daß das Naturprodukt selbst Produktivität ist - daß Naturvermögen also wieder Produktivität enthält und umschließt - verweist auf den Kern des Prinzips einer nachhaltigen Ökonomie: Das Wesen der Naturproduktivität ist ihre Reproduktivität - in der ökologischen Natur erzeugt Produktivität wieder Produktivität als ein Vermögen, das wieder Produktivität hervorbringt usw. Vollzieht sich dieser reproduktive Prozeß durch den anthropogenen Wirtschaftsprozeß hindurch - wird also Naturproduktivität zu einem Produkt (auch) des menschlichen Haushaltes - dann (und nur dann) haben wir es mit einer Ökonomie der Nachhaltigkeit zu tun. Der ökologische Haushalt als ein produktiv autopoietisches System ist die Quelle, aus der der gesamte Wirtschaftsprozeß schöpft und die es entsprechend nachhaltig zu bewirtschaften gilt.

Wir haben gesehen, daß sich im ökologischen System dieser autopoietische Prozeß entlang der unauflösbaren Bindung produktiver an reduktive Prozesse verwirklicht: Es sind die Aufbau- und die Abbauprozesse in den ökologischen Systemen, die in ihrer Einheit dafür sorgen, daß der ökosystemare Prozeß als ganzer produktiv wird. Die Tätigkeit der Mikroorganismen, die die organischen Substanzen zersetzen, um daraus die materielle Grundlage für das Entstehen neuer Substanzen zu schaffen, ist um nichts weniger produktiv als der Prozeß der Photosynthese. Produktive und reduktive Funktionen sind gleichermaßen Formen von Naturproduktivität. Mit Blick auf das Verständnis der Naturproduktivität ist die Unterscheidung zwischen Aufbau- und Abbauprozessen daher weitgehend unerheblich (vgl. Kapitel 2).

Wenn wir ökonomisch verstehen wollen, was wir physisch tun, wird das Wissen um dieses Produktionsprinzip ökosystemarer Prozesse analytisch ungemein wichtig: Es ist die Einheit von Aufbau- und Abbauprozessen, von Produktion und Reduktion, von Produktivität und Produkt, von der wir mit Blick auf den anthropogenen Haushalt von der Natur so viel lernen können.

Gerade dieses Produktionsprinzip aber weist auf einen zentralen Zugang zum Verständnis nachhaltigen Wirtschaftens hin: auf den Zugang über die Zeit. In der Einheit von Produktion und Reproduktion zeigt sich, daß die zeitliche Dimension nachhaltiger Wirtschaftsprozesse an die Physis gebunden bleibt. Denn gehen wir davon aus, daß es das Merkmal nachhaltiger Produktionsprozesse ist, die mit ihnen verbundenen physischen Reproduktionsprozesse bewußt in sich einzubinden, so geraten bei allen ökonomischen Entscheidungen die Reproduktionszeiten in den Vordergrund. Es gilt, die den am Produktionsprozeß beteiligten physischen Systeme und Prozesse eigenen Reproduktionszeiten kennenzulernen und das Wissen um diese zur Grundlage ökonomischer Entscheidungen im anthropogenen Wirtschaftsprozeß zu machen.

Die Frage nach den Zeiten - genauer: die Frage danach, auf welche Weise die Zeitskalen des anthropogenen mit denen des ökologischen Haushaltes synchronisiert werden können - mag daher eine der wichtigsten Fragen im Rahmen des Nachhaltigkeitsdiskurses sein. Denn das Ergebnis nachhaltiger Produktion erlangt erst über das produzierende Wirtschaftssubjekt hinaus seine eigentliche Bedeutung. Ihr ökologisches Produkt stellen die Wirtschaftssubjekte nicht für sich selbst, sondern für ihre Kinder und Enkelkinder her. Indem Produkte für den unmittelbaren und individuellen Konsum hergestellt werden, werden zugleich jene Produktionsvoraussetzungen mithergestellt, die die nachfolgenden Generationen nutzen werden, um wiederum für sich und die ihnen folgenden Generationen produzieren zu können. Nachhaltige Ökonomie ist langfristig vorsorgende Ökonomie, und dies bedeutet notwendig, daß die ökonomischen Zeiten an die physischen Zeiten - an die Zeiten des Wachstums, der Erneuerung und der Reproduktion der produktiven Natursysteme - angebunden sind und bleiben.

Im Konzept einer Ökonomie der Reproduktion, das von der Naturproduktivität ausgeht und sich auf sie stützt, vereinen sich ökologische und menschlich-soziale Natur in den ihnen jeweils eigenen Zeitskalen. Auf Grundlage dieses Konzeptes wird deutlich, daß sich die physische Reproduktion nicht etwa auch umgekehrt an die abstrakt ökonomische Zeit des Industriesystems anbinden läßt. Haben wir ausgehend vom Nachhaltigkeitsprinzip in der Verbindung produktiver und reproduktiver Momente des Wirtschaftsprozesses das Wesen der Naturproduktivität wiedererkannt, so wird ausgehend von der Zeitlichkeit der Natur unmittelbar sichtbar, was die Ökonomie des Industriesystems von einer nachhaltigen Wirtschaftsweise noch grundlegend trennt[20].

Denn mit dem Riß zwischen ökonomischer Produktionssphäre und physischer Reproduktionssphäre, wie ihn die Ökonomie des Industriesystems hervorgebracht hat, werden zugleich die Zeiten auseinandergerissen: Der menschliche Haushalt und der ökologische Haushalt gehören verschiedenen Zeitdimensionen an. Da beide aber physisch durch die Verwertungspraxis industrieller Ökonomie hindurch zu ein und demselben Haushalt verschmolzen sind, erzeugt das sich selbst täuschende ökonomische Bewußtsein der Industrie wiederum ökonomische Kontraproduktivität dort, wo es ökologische Produktivität in Anspruch genommen hat. Doch das Aufeinanderprallen nicht miteinander synchronisierter Haushaltsführungen führt in dem einen Haushalt, in dem sich der anthropogene Haushalt mit dem ökologischen Haushalt der Natur untrennbar verbunden hat, zu den als "Naturkatastrophen" und "Umweltproblemen" mißverstandenen physischen Prozessen. Auf diese schmerzliche Weise wird sich die menschliche Wirtschaftsgesellschaft mehr und mehr über die Eigenzeiten der Natur bewußt.

Mit Blick auf ihren Naturbegriff und mit Blick auf die zeitliche Dimension wirtschaftlicher Prozesse ist das industrieökonomische Denken abstrakt und substanzlos geblieben. Ihm gilt die Physis vor allem als ein notwendiges Anhängsel der abstrakten Wertökonomie als Geldwirtschaft, und die Zeit bleibt gebunden an die individuellen und isolierten Zeitskalen der Nutzenrealisierung, während sie zugleich ohne Anfang und Ende in der Perspektive des Horizonts zerfließt. Was in der Zeit ist, ist durch die ökonomische Entwicklung des Industriesystems hindurch mehr und mehr unsichtbar geworden: In der ökonomischen Logik der Industriegesellschaft erscheint bestenfalls das Naturprodukt - verklärt noch als "Arbeitsprodukt" und als Produkt "technischen Fortschritts" -, die Produktivität der Natur dagegen bleibt unerkannt und unverstanden. Naturproduktivität ereignet sich aber gerade dort, wo das ökonomische Denken nicht hinsieht - ja, wo es nur Leere vor-

---

[20] Vgl. ausführlich Hofmeister 1997.

aussetzt[21]: Natura naturans, die produzierende Natur ist in der Zeit. Der Innovationsmodus und die Innovationsgeschwindigkeit des Industriesystems haben sich ganz und gar von den physischen Reproduktionsprozessen und den diesen inhärenten Zeitskalen abgelöst: Die Ignoranz industrieller Ökonomie, die die ihr eigene Zeitlichkeit abstrakt als Taktsystem jenseits der Rhythmen der Natur entwickelt zu haben glaubt, während sie sich zugleich entlang dieses Abstraktionsprozesses einem schier maßlosen Beschleunigungsprozeß hingibt, offenbart sich als völlig unzureichend dann, wenn die Naturproduktivität in ihrer Zeitlichkeit zum Zweck des ökonomischen Handelns wird.

Es gilt daher, einen ökonomischen Zeitbegriff zu entfalten - einen Rhythmus des Wirtschaftens zu finden, dessen Fundament die Zeitskalen des Naturhaushaltes sind. Die Erhaltung der ökologischen Zeitdiversität - des ganzen Netzes von Zeiten als ein ineinanderevolvierendes Ganzes, das sich aus der Vielfalt der miteinander schwingenden Eigenzeiten (Eigenzeiten der verschiedenen Organismen, Populationen und der Ökosysteme) herstellt und sich zu einer eigenartigen, besonderen Zeitgestalt verbindet - verlangt eine synchrone Bewirtschaftungsweise durch den Menschen. Eine solche Bewirtschaftungsweise schließt, wie wir gezeigt haben, die Protektion der Naturprozesse in ihren Zeiten ein (vgl. Kapitel 3.3).

Indem sowohl die Natur als auch die Gesellschaft in der Wechselbeziehung ihrer subjektiven und objektiven Funktionen in der Ökonomie des Gesamtsystems erkannt werden, gerät die evolutive Reproduktion in der Zeit - die prozeßhafte Gestaltung dieser Wechselbeziehung - zu einer zentralen Voraussetzung nachhaltiger Wirtschaft: Im Konzept einer Ökonomie der Reproduktion verbinden sich soziale Zeiten unmittelbar mit den Naturzeiten - die Zeitlichkeit der ökologischen Natur mit der Zeitlichkeit sozialer Prozesse.

Denn haben wir die Herstellung des Naturproduktes, dessen Qualität sich an nichts Geringerem messen lassen muß als daran, welche Produktivität es für die Wiederholung des ökonomischen Prozesses in sich trägt, als das Ziel wirtschaftlichen Handelns erkannt, so lassen sich die Reproduktionszeiten der ökologischen Systeme aus der gesellschaftlichen Bewertung des ökonomischen Tuns nicht länger ausblenden. Ja, es gilt, die Reproduktionszeiten des anthropogenen Haushaltes mit denen des ökologischen Haushaltes in einen "Einklang" - in einen gemeinsamen Rhythmus - zu bringen, um ein fruchtbares Naturprodukt überhaupt erzeugen zu können.

Das auf einem dialektisch ineinander verschränkten sozialen Naturverhältnis basierende ökonomische Denken beruht auf einem grundlegend evolutiv und auto-

---

[21] Vgl. insbesondere Schultz 1994, 156 ff. sowie Adam, "Zeiten der Natur - Kultur der Zeiten. Konsequenzen für die Zeitforschung", Vortrag im Rahmen der internationalen Zeitakademie an der Evangelischen Akademie Tutzing am 04.05.1996.

poietisch verstandenen Entwicklungskonzept, in dessen Zentrum die Reproduktion des ökonomisch-ökologischen Gesamtsystems steht. Evolutive Reproduktion aber ist außerhalb und unabhängig von der Zeitlichkeit der Physis nicht denkbar. Wirtschaften wird zu einem Prozeß in der Zeit - als ein sozialer Prozeß in den Zeiten der ökologischen Natur gleichsam eingebettet und aufgehoben. Der gerade begonnene gesellschaftspolitische und wissenschaftliche Diskurs um eine Ökonomie der Nachhaltigkeit eröffnet die Chance, eine in den Zeiten der Natur ruhende Kultur der Zeiten wiederzuentdecken. Eine Kultur der Zeiten, die den vertrauten Umgang mit der Natur sucht und ihn dort, wo sie ihn findet, sorgsam pflegt, ist in der physischen Einheit von ökonomischem Haushalt und Naturhaushalt aufgehoben: Diese Einheit ist ihr Grundlage und Ziel.

Durch die Nachhaltigkeitsdebatte hindurch entfaltet sich daher die Möglichkeit, Naturprodukt und Naturproduktivität, gewordene und werdende Natur als eine Einheit und als die Aufgabe ökonomischen Handelns zu erkennen. Die menschliche Wirtschaftsgesellschaft erhält auf diesem Weg die Chance, zu ihren Wurzeln in der Haushaltsökonomie zurückzukehren - zu einer Ökonomie des ganzen Hauses - des menschlichen Haushaltes in der unzerbrechlichen Verbindung mit dem Haushalt der ökologischen Natur.

6.3 Nachhaltiges Wirtschaften realisiert sich als Ökonomie des ganzen Hauses

Wir haben gesehen: Nachhaltiges Wirtschaften realisiert sich als reproduktive Ökonomie. In der Verbindung von Produktion und Reproduktion verbindet sich der anthropogene Haushalt mit dem ökologischen Haushalt der Natur zu einer Ökonomie des ganzen Hauses.

Das Wissen um die Verbindung von Produktion und Reproduktion, das auf der Ebene der Geldwirtschaft als selbstverständlich gilt, ist mit Blick auf die Physis durch die industrielle Entwicklung hindurch mehr und mehr verlorengegangen. Nur vom Standpunkt des abstrakten Werts als Geldwertlogik ist das ökonomische System der Industriegesellschaft nachhaltig: Jeder Buchhalter und jede Buchhalterin weiß, daß er oder sie einen Gewinn erst ausweisen darf, nachdem das in der Wirtschaftsperiode verzehrte ökonomisch bewertete Kapital ersetzt ist - nachdem für seine Wiederherstellung gesorgt ist. Von diesem Gebot aber will die industrielle Ökonomie mit Blick auf ihre physischen Grundlagen nichts wissen: Mit Blick auf die Physis vertraut dieselbe Ökonomie auf die ökologische Reproduktion. Natur gilt dieser Ökonomie als zeitlos - als konstante, ewig verfügbare Quelle, aus der immerfort geschöpft werden kann, ohne daß für ihren Bestand und für die Bedingungen ihrer Produktivität Sorge getragen werden müßte. Während das industrieökonomische System also buchstäblich bis auf den letzten Pfennig bilanziert und ersetzt, was an monetär bewertetem Kapital verlorengegangen und hinzugekommen ist, hatte es gleichzeitig das ökologische Vermögen als ein konstantes Guthaben vorausgesetzt - als ein Guthaben, das für alle Zeiten verfügbar schien (vgl. Kapitel 4).

Dies ist der Grund dafür, daß dieselbe Wirtschaftsweise, die auf der geldökonomischen Ebene noch immer Erfolge verbucht, in stoffwirtschaftlicher Hinsicht so jämmerlich versagt hat: Diese Ökonomie versteht es nicht, ihr Naturprodukt auf eine Weise herzustellen, daß jene Produktivität, die sie für den nachfolgenden Wirtschaftsprozeß benötigt, darin schon enthalten ist. Sie stellt ihre physischen Grundlagen nicht wieder her. Während sie die Produkte, die das ökologische System hervorbringt, in beschleunigter Weise aufzehrt und die produktiven Leistungen des ökologischen Systems mehr und mehr verschleißt, vertraut die Gesellschaft, wenn es um die Wiederherstellung geht, geradezu naiv auf die Selbstreproduktionsfähigkeit der ökologischen Natur. Auf diese Weise erzeugt die der ökonomischen Logik der Industriegesellschaft verpflichtete ökonomische Praxis systemisch Kontraproduktivität dort, wo sie Produktivität in Anspruch nimmt - und dies immer umfassender und immer schneller.

Läßt sich die Industriegesellschaft jedoch auf einen Transformationsprozeß mit dem Ziel der Reform in eine Ökonomie der Nachhaltigkeit ein, so wird sie nicht darum herumkommen, das abstrakte, am Geldwert allein sich sättigende ökonomische Paradigma aufzubrechen. Der Widerspruch zwischen Geldwertlogik und stoffwirtschaftlicher Rationalität kann überwunden werden, wenn das ökonomische Wertbewußtsein der Gesellschaft auf dem Weg in eine Ökonomie der Nachhaltigkeit zur Physis zurückzukehren vermag.

Doch bislang scheint das ökonomische Denken - auch in bezug auf das Prinzip der Nachhaltigkeit - noch weit davon entfernt zu sein, die ökologische Natur als die Natur der Industrie zu erkennen und sie als Ursache der ökonomischen Wertbildung wahrzunehmen - ja, es begreift die Naturproduktivität noch nicht als eine ökonomische Kategorie. Und dennoch ist es evident, daß überall dort, wo sich nachhaltiges Wirtschaften in der ökonomischen Praxis schon realisiert, auch das Verständnis von der physischen Produktivität immer schon vorhanden ist. Überall dort, wo in der Produktionssphäre (Stoffflußplanung, Materialwirtschaft) und in den privaten Haushalten (Hauswirtschaft) die wirtschaftlichen Prozesse stoffökonomisch organisiert sind - in allen haushaltsökonomischen Bereichen, die das industrielle Wirtschaftssystem in sich einschließt und die es gleichsam tragen - geht das Wissen um die physische Einheit von Produktion und Reproduktion jeder einzelnen Entscheidung und jeder einzelnen Handlung voraus[22].

---

[22] Vgl. Hofmeister 1996.

Die Praxis nachhaltiger Ökonomie, wo immer sie sich im Zentrum und doch zugleich im Schatten des abstrakten Wertkalküls vollzieht, beruht auf einem Selbstverständnis, in dem das Wesen physischer Produktivität immer schon verinnerlicht ist. Wo sich im Produkt lebendiger produktiver Tätigkeit zugleich auch dessen reproduktive Qualität realisiert - wo Gestaltung sich mit Erhaltung vereint - schließt sich der durch das industrieökonomische Paradigma gebrochene Kreis: Physische Produktivität erzeugt sich selbst als ein physisches Produkt. In der Einheit von Produkt und Produktivität ruht das Wesen stoffwirtschaftlicher Rationalität. Die Frage, auf welche Weise die Industriegesellschaft sich als Ganze über die Natur ihrer eigenen Produktivität in ihrer Ökonomie bewußt zu werden vermag, lenkt den Blick auf die ökonomische Bedeutung der Naturproduktivität.

Auf der Grundlage des hier dargestellten Modells einer Ökonomie der Reproduktion, dem Reproduktionsring (vgl. Kapitel 3), mag deutlich geworden sein, welche zentrale Funktion der Stoffwirtschaft bei der Gestaltung einer Ökonomie der Reproduktion zukommt: Sie hat nicht weniger als den gesamten physischen Reproduktionsprozeß - von der naturalen Produktion über die anthropogenen Funktionen der Produktion und Konsumtion bis hinein in das naturale Reduktionssystem - mit Blick auf das ökonomisch erwünschte Naturprodukt zu organisieren und zu gestalten. Indem ökologische Produktivität und ökologisches Produkt als Grundlage und Ziel menschlichen Wirtschaftens erkannt werden, öffnet sich auch der Weg in eine Ökonomie der Nachhaltigkeit. Das physisch-ökologisch reproduktive Niveau des anthropogenen Stoffaustauschprozesses mit der Natur mit dem Ziel der Erhaltung und Verbesserung der dem gesellschaftlichen Naturprodukt eigenen naturalen Produktivität zu organisieren, wird zur zentralen Aufgabe der Ökonomie.

Im physischen Reproduktionsprozeß sind anthropogener und ökologischer Haushalt miteinander vereint. Primäres Ziel des ökonomischen Managements ist es dementsprechend, die Reproduktionsbedingungen und die Reproduktionsfähigkeiten der menschlichen Wirtschaftsgesellschaft durch eine bewußte Gestaltung des ökologischen Haushaltes dauerhaft zu sichern (einfache physische Reproduktion), sie möglichst aber zu verbessern (erweiterte physische Reproduktion).

Das Konzept einer Ökonomie der Reproduktion konstituiert sich auf Grundlage des Wissens um die Alleinproduktivität der Natur. Der Reproduktionsring als das Modell einer den menschlichen Haushalt mit dem Naturhaushalt verbindenden, zyklisch konstituierten Wirtschaftsweise mag einen ersten Baustein zu einem theoretischen Fundament für eine Ökonomie der Reproduktion darstellen.

Doch obgleich gerade vor dem Hintergrund des in jüngerer Zeit an Bedeutung gewinnenden wissenschaftlichen und politischen Diskurses um die Prinzipien und die möglichen Praxen nachhaltiger Ökonomie das Postulat nach einer veränderten Wirtschaftsweise und einem veränderten Lebensstil im Bewußtsein der Menschen einen hohen Rang einnimmt, ist, wenn man einigermaßen realistisch bleibt, für romantische Lösungen der Mensch-Natur-Beziehung gerade jetzt wenig Platz. Im

Konflikt zwischen weltwirtschaftlicher Entwicklung und globaler Ökologie baut sich in unserer Zeit ein extrem gefährliches Sprengpotential auf: Das Industriemodell der hochentwickelten Industrieländer verbreitet sich derzeitig in rasender Geschwindigkeit über den ganzen Globus, und bald werden zwei bis drei Milliarden Menschen neu als Produzenten und Konsumenten am Weltmarkt in irgendeiner Form beteiligt sein. Das Industriemodell alten Stils wird damit zum bestimmenden Wirtschaftssystem auf der Erde. Trotz ernstzunehmender Anstrengungen mit Blick auf die Ökologisierung des Wirtschaftens muß daher ganz nüchtern festgehalten werden, daß die mit Abstand stärkeren und überwiegenden Wirkungen der derzeitigen weltwirtschaftlichen Globalisierung nicht in der Verbesserung und Stabilisierung des Ökosystems Erde liegen, sondern in seiner rasch wachsenden Destabilisierung bis hin zur aggressiven Konterrevolution einer wild gewordenen Natur.

Ob man nun Optimist oder Pessimist ist, in jedem Fall bietet das Modell einer reproduktiven Ökonomie als Fundament einer nachhaltigen Wirtschaftsweise ein Leitbild für zukünftiges praxisorientiertes Handeln der Wirtschaftssubjekte. Die einzige Gefahr, die von dem Leitbild Nachhaltigkeit ausgeht, ist seine Idealisierung bis hin zur Heiligsprechung, so daß es statt zur gesellschaftlichen Praxis lediglich zum angebeteten Hoffnungsträger in wissenschaftlichen Akademien wird.

Das Leitbild der nachhaltigen Wirtschaft ist theoretisch stabil und kann, wenn man es will, Schritt für Schritt in die kleine Praxis der täglichen Handlungen und in die große Praxis der Weltökonomie übertragen werden. Was bisher für sein Gelingen wesentlich fehlt, ist seine Operationalisierung zugunsten wirtschaftlicher Entscheidungen. Das Modell einer Ökonomie der Reproduktion könnte einen Beitrag leisten, dieses Defizit auszufüllen. Es hat eine kritische und eine konstruktive Komponente.

Seine kritische Komponente besteht im Hinweis darauf, daß die bisherige Ökonomie mit ihrem fast ausschließlichen Bewußtsein für die Teilsysteme "Produktion" und "Konsumtion" andere gleichrangige, wenn auch nicht gleichrangig anerkannte Teilsysteme des ökonomischen Gesamtzusammenhanges vernachlässigt. Dies gilt für die Teilsysteme "naturale Produktion", "Reduktion" und "Protektion der Natur" (vgl. Kapitel 2). Der substantielle Kern der industrieökonomischen Vergehen an der Natur, der in diesen drei Bereichen zum Ausdruck kommt, liegt in der Bewußtlosigkeit der wirklichen Bedeutung der Natur und ihrer Produktivität für den gesellschaftlichen Wirtschaftsprozeß. Die industrielle Wirtschaft lebt in jeder ihrer Zellen vom fragmentierten Naturreichtum, weiß und versteht aber nichts vom ganzen lebendigen Organismus des Ökosystems Erde. Die industrielle Wirtschaftsweise wird ihren eigenen Zusammenbruch produzieren, wenn es ihr nicht gelingt, die Natur selbst zum Sinn, Zweck und Ziel ihrer Handlungen zu machen.

Die konstruktive Komponente des Reproduktionsringes als ein ökonomisch-ökologisches Modell besteht darin, analytisch die Bedingungen für ein natural-ökonomisches reproduktives Verhalten der Wirtschaftssubjekte und der Gesellschaft zu formulieren. Es ist also ein Versuch, durch ein erweitertes Wirtschaftsmodell der Wirklichkeit, wie sie heute besteht, näher zu kommen und damit den Boden für einen operationalisierbaren Praxisweg zu bereiten.

Die Analyse des Reproduktionsringes hat gezeigt, daß die Bereiche Produktion und Konsumtion nur funktionieren können, wenn die Teilsysteme "naturale Produktion" und "Reduktion" gewissermaßen stillschweigend ihre Gratisleistungen unaufhörlich und unbeschränkt in das ganze ökonomische System einbringen. Allerdings entwickelt sich hier ein axiomatischer Widerspruch. Gerade durch die tatsächliche industrieökonomische Funktionsweise von Produktion und Konsumtion wird in die vernachlässigten Teilsysteme des Reproduktionsringes derart massiv eingegriffen, daß diese ihre Gratisleistungen mehr und mehr einstellen und zunehmend ihre Leistungsfähigkeit überhaupt einbüßen. An einer negativen Erfahrungslinie entlang bemerken nun die tradierten Systeme von Produktion und Konsumtion ihre Abhängigkeit von der Funktionsfähigkeit des gesamten Reproduktionsringes. Produzenten und Konsumenten beklagen nunmehr die Ausfallerscheinungen der naturalen Produktivität. Sie rufen spontan hier und dort nach Abhilfe, sind aber - zumindest bisher - nicht bereit, eine wirkliche Systemlösung zur Wiederherstellung des ganzen reproduktiven Zusammenhanges zu ergreifen. In der Regel beschränken sich die Wirtschaftssubjekte auf spontane Einzelaktionen oder auf allgemeine Lösungskonzepte weit außerhalb ihres Wirkungsbereiches (Sankt Florian).

Es ist dies der Zeitpunkt, an dem eine Wirtschaftsordnungsdebatte beginnen muß. Eine Ökonomie zur Organisation der physischen Reproduktion ist ein vielversprechender Versuch zur praktischen Umsetzung einer nachhaltigen Wirtschaft in der modernen Gesellschaft. Es spricht einiges dafür, daß eine entschiedene Anstrengung der Wirtschaftssubjekte und der Wirtschaftsgesellschaft zugunsten der Inauguration der drei Teilsysteme "naturale Produktion", "Reduktion" und "Protektion der Natur" als relativ eigenwertige Funktionsbereiche des Wirtschaftsprozesses auf dem Weg zu einer nachhaltigen und zukunftsfähigen Wirtschaftsweise einen riesigen Schritt nach vorne bedeuten würde. Eine solche Korrektur am bisherigen industriellen Entwicklungsweg würde das bestehende Wirtschaftsgefüge auch keineswegs ruinieren. Das Überzeugende einer derartigen Wirtschaftsreform liegt doch gerade darin, daß sie die bisherigen Wirtschaftsstrukturen und ihre prozessuale Funktionsfähigkeit soweit intakt läßt, daß größere Übergangskrisen verhindert werden können, allerdings genau jene Reformschritte durchgeführt werden, die zusammenbruchartige Wirtschaftskrisen aufgrund des umfassenden Versagens der Industrie an der Natur noch einigermaßen zu verhindern versprechen.

Entscheidend ist nicht, ob es viele Gesetze und viele Sanktionierungsinstrumente gibt, sondern entscheidend ist das Verhalten der Wirtschaftssubjekte, insbesondere der Unternehmen und der Verbraucher. Die Debatte zwischen Markt und Plan ist an dieser Stelle langweilig und überflüssig. Für eine zukunftsfähige ökologische Wirtschaftsweise gilt das Prinzip: Soviel Markt wie möglich, soviel Plan wie nötig.

Eine nachhaltige Wirtschaft hat nur dann eine historische Chance, wenn die Wirtschaftssubjekte sie haben wollen, es sei denn, die verletzte Menschheit flüchtet sich in eine Ökodiktatur, die sie womöglich für den letzten Ausweg hält. Wenn die Wirtschaftssubjekte und ihre Gesellschaften aber eine nachhaltige Wirtschaftsweise unterstützen und diese Unterstützung in ihren konkreten Handlungen auch zum Ausdruck bringen, dann ist der praktische Weg zu einer ökologischen Wirtschaft gar nicht so schwer. Die Gewinner einer solchen Option sind vor allem die Unternehmen und die Verbraucher.

Die Unternehmen finden nämlich zu einem Wirtschaftsstil zurück, auf dem sie nicht nur ihre monetäre Bilanz mit schwarzen Zahlen versehen können, sondern auch ihre physisch-ökologische Bilanz, indem sie nicht mehr ihr naturales Produktionsvermögen abbauen müssen, um Einnahmen und Einkommen zu erzielen. Eine reproduktive Ökonomie gibt den Unternehmen langfristige Stabilität zurück.

Aber auch die Konsumenten sind Gewinner. Im Prinzip verzichten sie auf Dinge, die wenig konsumtiven Genuß darstellen, aber sie erhalten eine Qualität des Produktes zurück, die eine wirkliche Reproduktion des Individuums und der Gesellschaft dauerhaft ermöglicht. Dies wäre die Form einer reproduktiven Konsumtion: Man verzehrt Kurzfristigkeit, um Langfristigkeit und Stabilität zu erzeugen.

Eine Ökonomie der Reproduktion verlangt eine Wirtschaftsordnung, in der der Reproduktionsring und seine Einzelfunktionen aufgehoben sind und zur Geltung gebracht werden. Eine solche Wirtschaftsreform erfordert sicherlich einige Anstrengungen im Bewußtsein der Menschen und vor allem in ihren praktischen Handlungen. Aber der Einwand, eine nachhaltige Wirtschaftsweise wäre nicht praxisfähig, ist solange pure Ideologie, solange man den Weg zu ihr noch gar nicht versucht hat. Auch die bequeme Ausrede, die Mühen zu dieser Reform wären zu groß und unzumutbar, gerät ins Lächerliche, wenn man die Qual bedenkt, die eine ökonomisch unverstandene und daher sich wehrende Natur uns zuzufügen gezwungen sein wird.

7 Natur als Grundlage und Ziel der Wirtschaft

In bezug auf den Begriff der Natur ist das moderne Denken verwirrt. Wir reden von Natur, ohne zu wissen, was sie ist. Angesichts eines Waldes tun wir uns leicht, Natur zu identifizieren. Mit den Früchten des Waldes tun wir uns schwerer. Sind Holzstämme noch Natur? Sind es zersägte Holzstämme? Sind es bearbeitete Holzbretter? Und was ist mit dem Tisch oder dem Stuhl?

Wald und Wiese ordnen wir gerne der Natur zu. Aber was ist, wenn sie von Menschen gemacht sind? Ein durch menschliche Hand hergestellter Naturpark stellt für uns ein Problem dar. Er zählt zur Sphäre der Natur, weil er grün ist, aber gehört doch nicht dazu, weil er gemacht ist.

Die Trennlinie in unserem Kopf und im modernen Bewußtsein verläuft offensichtlich danach, ob etwas von menschlicher Hand gemacht, bearbeitet ist oder nicht. Was "von selbst" wächst, zählen wir gerne zur Natur. Was wir machen, durch unsere Arbeit herstellen, soll nicht zu ihr gehören. Logischerweise gehören in unserem ökonomischen Bewußtsein Rohstoffe, Ressourcen, Produktionsvoraussetzungen, das heißt alles, was der Produktion vorgelagert ist und noch nicht bearbeitet ist, zur Sphäre der Natur. Dagegen haben die vom Menschen bearbeitete Materie, die Produkte, diese Sphäre verlassen.

Unsere Arbeit erscheint als Scheidelinie zwischen Natur und Nichtnatur.

Die zukünftige Gesellschaft und ihre Ökonomie allerdings können mit dieser Trennlinie nicht mehr gut leben. Eine Wirtschaftsweise, die in der Bearbeitung der Materie das Ende der Natur erkennt, kommt in die paradoxe Situation, daß Natur schrittweise abgeschafft wird. Wenn die Produkte der menschlichen Arbeit keine Natur mehr sind, dann gibt es bald keine Natur mehr, weil in der globalen Weltökonomie praktisch alle Materie vom ökonomischen Bewußtsein und seinen Handlungen vereinnahmt wird. Wir stehen daher an einer entscheidenden Korrektur dessen, was wir unter Natur verstehen und was Wirtschaft ist.

Wirtschaft ist der bewußte und zielgerichtete Umgang mit der Natur als Produkt und Produktivität. Die ganze Korrektur der modernen Gesellschaft in bezug auf die Natur besteht darin, daß sie ihre Produkte selbst als Natur betrachtet und damit den Kriterien des Natürlichen unterwirft. Damit wäre die Einheit der Natur wieder hergestellt. Die Menschen würden sich nicht mehr als außerhalb der Natur wähnen. Die menschliche Gesellschaft und ihre Wirtschaftsweisen können wieder erkennen, daß sie durch ihre Produkte ihre Natur erzeugen, so wie die ganze Natur durch ihre Produktivität die Menschen und ihre Produkte hervorbringt.

Damit ist die Natur die Grundlage und das Ziel menschlichen Wirtschaftens. Dies in ökonomische Praxis umzusetzen, stellt die überragende Aufgabe der modernen Industriegesellschaften dar.

Literatur

Adam, B., Time and Social Theory, Cambridge 1990

Beck, U., Die Erfindung des Politischen, Frankfurt a. M. 1993

Busch-Lüty, C., Jochimsen, M., Knobloch, U., Seidel, I. (Hg.), Vorsorgendes Wirtschaften - Frauen auf dem Weg zu einer Ökonomie der Nachhaltigkeit, Politische Ökologie (PÖ 39), Jg. 12 (1994)

Daly, H. E., Vom Wirtschaften in einer leeren Welt zum Wirtschaften in einer vollen Welt. Wir haben einen historischen Wendepunkt in der wirtschaftlichen Entwicklung erreicht, in: Goodland, R. et al. (Hg.), Nach dem Brundtland-Bericht - Umweltverträgliche wirtschaftliche Entwicklung, Bonn 1992, 29-40

Haber, W., Von der ökologischen Theorie zur Umweltplanung, in: GAIA, Jg. 2 (1993), Nr. 2, 96-106

Haber, W., Das Nachhaltigkeitsprinzip als ökologisches Konzept, in: Fritz, P. et al. (Hg.), Nachhaltigkeit in naturwissenschaftlicher und sozialwissenschaftlicher Perspektive, Stuttgart 1995, 17-30

Hampicke, U., Naturschutzökonomie, Stuttgart 1991

Hampicke, U., Ökologische Ökonomie, Individuum und Natur in der Neoklassik, Natur in der ökonomischen Theorie: Teil 4, Opladen 1992

Held, M., Geißler, K. A. (Hg.), Ökologie der Zeit - Vom Finden der rechten Zeitmaße, Stuttgart 1993

Hofmeister, S., Auf dem Weg in eine nachhaltige Stoffwirtschaft? Über die Chancen einer Wiederentdeckung der physischen Reproduktion durch die industrielle Wirtschaftsgemeinschaft, in: Busch-Lüty, C., Jochimsen, M., Knobloch, U., Seidel, I. (Hg.), Vorsorgendes Wirtschaften - Frauen auf dem Weg zu einer Ökonomie der Nachhaltigkeit, Politische Ökologie (PÖ 39), Jg. 12 (1994), 51-55

Hofmeister, S., Der "blinde Fleck" ist das Ganze. Anmerkungen zur Bedeutung der Reproduktion in der Ökonomie, in: Biesecker, A., Grenzdörffer, K., Heide, H., Wolf, S. (Hg.), Neue Bewertungen in der Ökonomie, Pfaffenweiler 1995, 51-65

Hofmeister, S., Von der Abfallwirtschaft zur ökologischen Stoffwirtschaft - Wege zu einer Ökonomie der Reproduktion, Habilitationsschrift am Fachbereich 07 Umwelt und Gesellschaft der Technischen Universität Berlin 1996 (erscheint Opladen 1998)

Hofmeister, S., Zeit der Erneuerung - Zur Verbindung von Zeitpolitik und Stoff-ökonomie im Begriff der Reproduktion, in: Adam, B., Geißler, K. A., Held, M. et al. (Hg.), Die Non-Stop-Gesellschaft und ihr Preis - Perspektiven einer ökologischen Zeitpolitik, Stuttgart 1997 (in Vorbereitung)

Immler, H., Natur in der ökonomischen Theorie, Opladen 1985

Immler, H., Vom Wert der Natur, Zur ökologischen Reform von Wirtschaft und Gesellschaft, Opladen 1989

Immler, H., Welche Wirtschaft braucht die Natur? Mit der Ökonomie die Ökokrise lösen, Frankfurt a. M. 1993

Inhetveen, H., Hortikultur als Vorbild, in: Busch-Lüty, C., Jochimsen, M., Knob-loch, U., Seidel, I. (Hg.), Vorsorgendes Wirtschaften - Frauen auf dem Weg zu einer Ökonomie der Nachhaltigkeit, Politische Ökologie (PÖ 39), Jg. 12 (1994), 22-27

Kümmerer, K., Zeiten der Natur - Zeiten des Menschen. Ein Beitrag zur Ökologie der Zeit, in: Held, M., Geißler, K. A. (Hg.), Ökologie der Zeit - Vom Finden der rechten Zeitmaße, Stuttgart 1993, 85-104

Kümmerer, K., Systemare Betrachtungen in der Ökotoxikologie, in: UWSF - Zeitschrift für Umweltchemie Ökotoxikologie, Jg. 6 (1994), 1-2

Moscovici, S., Die Wiederverzauberung der Welt, in: Touraine, A. et al. (Hg.), Jenseits der Krise - Wider das politische Defizit der Ökologie, Frankfurt a. M. 1976, 94-131

Odum, E. P., Grundlagen der Ökologie I, Stuttgart 1980

Odum, E. P., Reichholf, J., Ökologie - Grundbegriffe, Verknüpfungen, Perspekti-ven, München, Wien, Zürich 1980

Schultz, I., Der erregende Mythos vom Geld - Die neue Verbindung von Zeit, Geld und Geschlecht im Ökologiezeitalter, Frankfurt a. M., New York 1994

Abbildungen

MIX
Papier aus verantwortungsvollen Quellen
Paper from responsible sources
FSC® C105338

If you have any concerns about our products,
you can contact us on
ProductSafety@springernature.com

In case Publisher is established outside the EU,
the EU authorized representative is:
**Springer Nature Customer Service Center GmbH
Europaplatz 3, 69115 Heidelberg, Germany**

Printed by Libri Plureos GmbH
in Hamburg, Germany